기독교문서선교회(Christian Literature Center: 약칭 CLC)는 1941년 영국 콜체스터에서 켄 아담스에 의해 시작되었으며 국제 본부는 미국 필라델피아에 있습니다.
국제 CLC는 59개 나라에서 130개의 본부를 두고, 약 650여 명의 선교사들이 이동 도서차량 40대를 이용하여 문서 보급에 힘쓰고 있으며 이메일 주문을 통해 130여 국으로 책을 공급하고 있습니다. 한국 CLC는 청교도적 복음주의 신학과 신앙 서적을 출판하는 문서선교기관으로서, 한 영혼이라도 구원되길 소망하면서 주님이 오시는 그날까지 최선을 다할 것입니다.

추천사 1

리랜드 라이켄(Leland Ryken) 박사
미국 휘튼대학교(Wheaton College) 영어과 명예교수

그리스도인의 신앙을 표현한 위대한 찬송가들은 개봉되지 않은 보고(寶庫)이며 풍성한 영적 보화를 간직하고 있다. 그 보물 상자를 열기 위해 우리는 찬송가를 활자화하여 종교시로 분석해야 한다.

장인식 교수가 집필한 『찬송가, 시로 읽다』는 보물 상자를 여는 열쇠다. 이 책은 찬송가 텍스트를 종교시로 읽게 한다. 아울러 작품의 배경, 시에 나타난 성경적 암시, 그 영적 의미, 시의 문학적 특징을 제시한다. 따라서 이 책을 읽는 독자들은 우리가 애창하는 찬송가들을 완전히 새로운 방식으로 이해하여 소유하게 될 것이다. 그리고 한국 찬송가가 타의 추종을 불허하는 매우 탁월한 종교시 모음집이라는 사실을 깨닫게 될 것이다.

✽ 리랜드 라이켄(Leland Ryken) 박사는 기독교 문학 분야의 세계적 권위자로 60여 권의 책을 저술했으며, 최근에는 미국 성도들이 애창하는 찬송가를 시적 관점에서 분석한 책 세 권을 출간하기도 했다. 국내에 번역된 도서로는 『성경 이미지 사전』, 『라이켄 성경 핸드북』, 『문학에서 본 성경』 등이 있다.

추천사 2

최 대 해 박사
대신대학교 총장
한국신학대학총장협의회 회장

  찬송은 곡조 있는 말씀의 노래다. 시가 자기 자신도 모르게 넘쳐흐르는 감정의 분출이듯, 찬송은 하나님의 말씀을 통한 주님의 은혜를 노래하는 언어다.
  장인식 교수의 역작 『찬송가, 시로 읽다』는 영혼의 노래로 가슴 깊이 메아리치게 하는 울림이다. 인생의 여정 가운데 만난 예수님을 더 깊이 모시는 일은 또 하나의 소중한 영적 체험이다. 우리는 이 책을 통해 하나님의 완전한 사랑과 위로, 긍휼과 신실하심을 더 신뢰하고 놀라며 감사하게 될 것이다. 아울러 주님께 더욱 가까이 나아가길 원하는 영혼의 노래들을 알게 되고, 그것이 삶과 믿음의 여정에 꼭 필요하다는 사실을 깨닫게 될 것이다.

찬송가, 시로 읽다

Reading Hymns as Poems
Written by Ein-Sik Chang
All rights reserved.
Korean Edition Copyright ⓒ 2023 by Christian Literature Center, Seoul, Korea.

찬송가, 시로 읽다

2023년 12월 30일 초판 발행

지 은 이　|　장인식

편　　집　|　추미현
디 자 인　|　이승희
펴 낸 곳　|　(사)기독교문서선교회
등　　록　|　제16-25호(1980. 1. 18.)
주　　소　|　서울특별시 동대문구 천호대로71길 39
전　　화　|　02-586-8761~3(본사) 031-942-8761(영업부)
팩　　스　|　02-523-0131(본사) 031-942-8763(영업부)
이 메 일　|　clckor@gmail.com
홈페이지　|　www.clcbook.com
송금계좌　|　기업은행 073-000308-04-020 (사)기독교문서선교회
일련번호　|　2023-125

ISBN 978-89-341-2636-2 (03230)

이 책의 출판권은 (사)기독교문서선교회가 소유합니다.
신저작권법에 의하여 한국 내에서 보호를 받는 저작물이므로 무단 전재와 무단 복제를 금합니다.

한국 교회가 가장 애창하는 찬송시 20편
그 시적, 영적 의미를 찾아서

찬송가, 시로 읽다

장인식 지음

Reading Hymns as Poems

CLC

목차

추천사 1   리랜드 라이켄(Leland Ryken) 박사 |
            미국 휘튼대학교(Wheaton College) 영어과 명예교수   1

추천사 2   최대해 박사 |
            대신대학교 총장, 한국신학대학총장협의회 회장   2

[프롤로그] '시'로 읽는 찬송가   9

1. 인애하신 구세주여   15
   - 죄수들의 울부짖음을 떠올리며(찬송가 279장)

2. 저 장미꽃 위에 이슬   24
   - 암실에서 만난 예수 그리스도(찬송가 442장)

3. 태산을 넘어 험곡에 가도   33
   - 인생 여정을 이끄는 약속의 말씀(찬송가 445장)

4. 내 영혼에 햇빛 비치니   40
   - 봄날, 공원에서 만난 하나님(찬송가 428장)

5. 이 몸의 소망 무언가   49
   - 압도적 위기를 견디게 하는 튼튼한 닻(찬송가 488장)

6. 주의 친절한 팔에 안기세   58
   - 아내와 사별한 형제를 위로하며(찬송가 405장)

7. 갈보리산 위에   66
   - 영적 시련기에 탄생한 낡은 십자가(찬송가 150장)

8. 내 기도하는 그 시간   76
   - 기도의 나래 위에 탄원을 싣고(찬송가 364장)

9. 저 높은 곳을 향하여   87
   - 하늘 고원에서 영광의 빛을 보다(찬송가 491장)

10. 만세 반석 열리니 · 97
   - 맹렬한 폭풍우 속에서(찬송가 494장)

11. 죄짐 맡은 우리 구주 · 107
   - 중병에 걸린 어머니를 위로하며(찬송가 369장)

12. 이 세상에 근심된 일이 많고 · 117
   - 유랑 생활에서 안식의 항구로(찬송가 486장)

13. 그 크신 하나님의 사랑 · 127
   - 정신 병원 벽에서 발견된 시(찬송가 304장)

14. 아 하나님의 은혜로 · 137
   - 남부연합군 감옥에서의 회심(찬송가 310장)

15. 예수가 우리를 부르는 소리 · 147
   - D. L. 무디가 극찬한 찬송가 (찬송가 528장)

16. 복의 근원 강림하사 · 159
   - 우리를 쫓아오시는 하나님(찬송가 28장)

17. 예수가 거느리시니 · 169
   - 남북 전쟁 중에 느낀 하나님의 은혜(찬송가 390장)

18. 내 맘에 한 노래 있어 · 179
   - 열차 사고 현장에서 영감을 받아(찬송가 410장)

19. 구주 예수 의지함이 · 189
   - 남편의 비극적 죽음 앞에서(찬송가 542장)

20. 주 예수보다 더 귀한 것은 없네 · 199
   - 삶의 절대적 우선순위(찬송가 94장)

참고 문헌(Bibliography) · 207

[일러두기]

* 인용문의 출처는 본문 안에 최소한의 정보(저자와 페이지)만 표시했고, 상세한 정보는 맨 뒤에 있는 참고 문헌에 제공했다.
* 인용문 출처 표기에서 동일한 저자의 책이 둘인 경우에는 출판 연도를 병기했다.
* 인용문 뒤에 페이지가 없는 것은 인터넷 자료이다.
* 예수님이나 하나님과 관련하여 높임말을 써야 할 경우, 마지막 용언에만 적용하는 것을 원칙으로 했다.
* 이 책에 실린 영시 텍스트는 모두 '퍼블릭 도메인'(public domain)이고, 번역문은 필자의 사역(私譯)이다.
* '작품 해설'에서 한 단어나 두 단어로 된 영어 인용은 모두 작은따옴표로 통일했다.

[프롤로그]

'시'로 읽는 찬송가

장 인 식

> 사라질 위기에 있는 찬송가
> vs
> 시편으로 읽고 묵상하는 찬송시 모음집

현재 한국 교회가 사용하는 찬송가에는 총 645곡이 실렸는데, 이 중에서 517곡은 외국인이 작사, 작곡한 것이다. 그런데 이 외국곡 대부분이 17~20세기 초반에 쓰인 아주 오래된 작품이다. 이런 이유 때문에 오늘날 젊은이들의 취향에 맞지 않는 구시대의 찬송가가 언젠가는 불리지 않게 될지 모른다는 안타까운 우려가 간혹 제기된다.

전통 찬송가가 직면하고 있는 이러한 위기에 대해 미국 휘튼대학교(Wheaton College) 영어과 명예교수인 리랜드 라이켄(Leland Ryken)은 아주 획기적인 대안을 제시한다. 찬송가를 오직 '노래의 가사'로만 여기지 말고, 그것을 '시'(詩)로 읽고 시적 아름다움을 감상하며 매일 묵상하라고 조언한다. 찬송가를 부르든지 안 부르든지, 성경의 시편처럼 찬송시 모음집으로 간주하여 항상 곁에 두고 경건을 위한 시편으로 읽으라고 주장한다. 이렇게 접근하면 찬송가가 보물인 것을 깨닫고, 오히려 찬송가를 부르자고 먼저 요청하게 될 것이라고 이야기한다(Ryken).

찬송가의 새로운 측면을 보게 하는 정말로 의미심장한 제안이다. 우리는 찬송가가 노래로 불리기 전에 먼저 '시'로 쓰였다는 사실을 명심해야 한다. 아무리 작사자가 노래로 불릴 것을 고려해서 썼다고 해도 말이다. 노래는 시대의 흐름을 탄다. 그러기에 각 시대마다 유행하는 음악이 있고 시대에 뒤처진 음악은 자연스레 잊힌다. 하지만 시는 다르다. 예술성이 뛰어난 문학 작품은 아무리 오랜 세월이 흐른다 해도 세인들의 지속적인 관심과 사랑을 받는다.

영국이 극찬하는 윌리엄 셰익스피어, 그는 16~17세기에 살았던 영국의 극작가이며 시인이다. 그런데 아무도 그의 4대 비극을 비롯한 희곡 작품을 케케묵었다고 치부하거나 경멸하지 않는다.

역대 신앙 서적 중 성경 다음으로 많이 읽힌다는 『천로역정』은 어떤가? 이 소설은 17세기 영국의 작가이자 침례교 설교자인 존 번연의 작품이다. 지금도 이 소설은 수많은 독자가 애독하고 영화로도 제작되어 상영된다.

한국 찬송가도 마찬가지다. 여기에 실린 수백 편의 번역시를 오직 '노래 가사'로만 취급하면 구시대의 유물로 여길 수 있다. 아울러 노래로 부를 때 시에 내재된 이미지와 뉘앙스를 감상할 수 있는 여유조차 갖지 못한다. 노래하면서 가사에 담긴 시적 아름다움을 발견하기가 불가능하기 때문이다.

하지만 '시'로 보면 차원이 달라진다. 시대를 초월하여 시적 묘미와 영성을 제공하는 주옥같은 문학 작품이 될 뿐 아니라 살아 있는 신앙 고백이 된다. CCM(Contemporary Christian Music, 현대 기독교 음악) 음악으로는 느낄 수 없는 수준 높은 시적 질감(質感)과 영적 유익을 제공한다. 더욱이 작시 배경에 나타난 애절한 사연을 이해하고 작품을 감상하면 그 즐거움은 더 말할 나위가 없다.

"번역시를 읽는 것은 베일을 쓴 여인에게 키스하는 것과 같다"는 말이 있다. 이는 문학 작품 특히 시를 외국어로 번역할 때 나타나는 한계를 지적한다. 번역시가 아무리 훌륭해도 원시가 지닌 시적 아름다움과 뉘앙스는 완벽하게 전달할 수 없다는 점을 꼬집는다. 한국 찬송가에 수록된 대부분의 시가 영미시라는 점을 감안할 때, 찬송시를 제대로 감상하려면 영시 원문을 읽어 볼 수밖에 없다.

이 책은,

한국 찬송가에서 많은 성도가 애창하는 찬송시 20편을 뽑아 시를 감상하며 즐거움을 느낄 수 있도록 해설한 책이다. 영시 원문의 정확한 의미와 작품 배경, 시에 담긴 성경적 암시, 영적 의미, 번역시에서 느낄 수 없는 시적 아름다움을 정리해 놓았다. 이와 함께 시를 읽으며 묵상할 수 있도록 신앙 성장을 위한 질문들을 해설 마지막 부분에 배치했다. 이 책에 수록된 시는 한동안 인터넷 블로그를 통해 간략히 소개했던 시 열두 편에, 새로운 시 여덟 편을 추가한 것이다. 기존 자료의 경우에는 내용을 대폭 재정리하여 보완했다.

지금까지 국내에서 출간된 찬송가 해설서는 한결같이 작사자와 작곡자 소개, 작시 배경, 우리말 가사를 중심으로 해설한 책이어서 당연히 한계를 지닐 수밖에 없다. 게다가 시(詩) 내용에 대한 분석, 단어의 뉘앙스, 시에 담긴 성경적 이미지, 시적 아름다움을 언급한 책은 전무하다. 사실 이런 내용이 시 감상의 핵심인데 말이다.

아무쪼록 이 책이 한국 찬송가에 실린 주옥같은 영미시를 시적 관점에서 이해하고 묵상하는 데 초석이 되기를 바란다. 한국의 모든 성도가 언제나 곁에 두고 즐겁게 읽으며 신앙 성장을 도모하는 '반려서적'이 되기를 소망한다. 동시에 외면당할 위기에 처해 있는 한국 찬송가가 '찬송시 모음집'으로 되살아나기를 간절히 기도한다.

 마지막으로, 추천의 글을 써 주신 세계적인 석학 미국 휘튼대학교 영어과 리랜드 라이켄(Leland Ryken) 교수님, 대신대학교 최대해 총장님께 진심으로 감사드린다. 원고의 교정을 도와준 敬에게도 감사의 마음을 전한다. 본서의 출간을 위해 애써 주신 기독교문서선교회(CLC) 박영호 대표님과 편집진에게도 고마움을 표하고 싶다.

2023년 10월 30일

본서에 사용된 영어성경 역본

AMP, Amplified Bible
ASV, American Standard Version
BBE, Bible in Basic English
CEB, Common English Bible
CJB, Complete Jewish Bible
EMB, The Emphasized Bible
ERV, Easy-to-Read Version
ESV, English Standard Version
EXB, Expanded Bible
GNT, Good News Translation
GW, God's Word Translation
HCSB, Holman Christian Standard Bible
ISV, International Standard Version
JMNT, Jonathan Mitchell New Testament
KJV, King James Version
LEB, Lexham English Bible
MSG, The Message
NASB, New American Standard Bible
NCV, New Century Version
NET, New English Translation
NIRV, New International Reader's Version

NIV, New International Version

NKJV, New King James Version

NLT, New Living Translation

NLV, New Life Version

NRSV, New Revised Standard Version

PHILLIPS, Phillips New Testament

TLB, Living Bible

VOICE, The Voice

WNT, Weymouth New Testament

YLT, Young's Literal Translation

[영미시로 경험하는 찬송가 1]

인애하신 구세주여

(찬송가 279장, Pass Me Not)
― 죄수들의 울부짖음을 떠올리며

<제1연>
오, 온유하신 구세주여, 절 지나치지 마시고
제 비천한 울부짖음을 들으소서.
당신께서 다른 사람들을 찾아 주실 때
절 지나치지 마소서.

Pass me not, O gentle Savior,

Hear my humble cry;

While on others Thou art calling,

Do not pass me by.

<후렴>
구세주여, 구세주여
제 비천한 울부짖음을 듣고,

당신께서 다른 사람들을 찾아 주실 때
절 지나치지 마소서.

Savior, Savior,
Hear my humble cry;
While on others Thou art calling,
Do not pass me by.

<제2연>
저로 하여금 당신의 자비의 보좌에서
달콤한 안위를 얻게 하소서.
거기서 무릎 꿇고 깊이 참회하오니
믿음 없음을 도와주소서.

Let me at Thy throne of mercy
Find a sweet relief,
Kneeling there in deep contrition;
Help my unbelief.

<제3연>
오직 당신의 공로만을 의지하며
당신의 얼굴을 구하겠나이다.
깨어지고 상한 제 영혼을 치유하고
당신의 은혜로 절 구원하소서.

Trusting only in Thy mercy,
Would I seek Thy face;
Heal my wounded, broken spirit,
Save me by Thy grace.

<제4연>
당신은 제 모든 위로의 원천이며
생명보다 더 귀하나이다.
이 세상에서 당신 외에 제가 누구를 원하며
천국에서도 당신 외에 누구를 바라겠나이까?

Thou the Spring of all my comfort,
More than life to me,
Whom have I on earth beside Thee?
Whom in Heav'n but Thee?

[작품 배경]

이 시는 패니 크로스비(Fanny J. Crosby, 1820~1915)가 1868년에 썼다. 그녀는 평생 시각 장애인으로 살며 8,000편이 넘는 시를 써서 가장 많은 찬송시를 쓴 시인이 되었다. 크로스비는 미국 뉴욕주 사우스이스트에서 생후 6주가 되었을 때 눈의 염증을 잘못 치료해 앞을 못 보게 되었다. 하지만 영의 눈을 떠 하나님을 알게 된 후부터 95세로 세상을 떠날 때까지 줄곧 하나님을 찬양하는 시를 썼다.

이 시는 작곡자이며 찬송가 인도인 윌리엄 하워드 돈의 요청을 받고 쓴 것으로 그녀의 경험에 기초한다. 크로스비는 평상시 여러 선교 집회 현장을 다니며 복음을 전했다. 한번은 주립 교도소에서 복음을 전하고 있을 때였다. 시각 장애인으로 인기가 있었던 그녀의 간증은 많은 죄수의 관심을 끌었다. 그런데 간증하는 동안에 죄수들이 여기저기서 외쳤다.

"선하신 주님! 절 지나치지 마세요"(Good Lord! Do not pass me by).

이로 인해 집회의 흐름이 자주 끊겼다. 그렇지만 크로스비는 이들의 간청을 들으며 진한 감동을 느꼈고, 그들의 외침을 마음에서 지울 수가 없었다. 그녀는 집으로 돌아온 즉시 죄수들의 울부짖음을 떠올리며 이 시를 쓰게 되었다(Forman, 487; Bence, 115).

시의 내용을 보면 전체적으로 기도 형식을 취하고 있으며, 각 연에서 2행과 4행이 각운을 이룬다. 즉, 2행과 4행의 끝 단어 마지막 발음이 동일하다. 시상의 흐름을 보면, 제1연은 작시자가 교도소에서 보았던 강렬한 장면을 끌어와 그것을 자신에게 적용해 예수님께 도움을 청한다. 제2-4연은 시간 순으로 전개되는데, 갈수록 기도 내용이 심화된다.

시인은 매우 간결한 문장을 구사하면서도 그 속에 아주 풍부한 성경적 이미지들을 담아낸다. 한국 찬송가의 번역시로는 이런 느낌을 받기가 어렵다. 아울러 강약격의 리듬으로 주님 앞에 나아와 기뻐하는 감정을 표현하며, 고어(Thou, art, Thy, Thee)를 사용해 하나님에 대한 경외심을 한껏 드높이고 있다.

[작품 해설]

제1연은 구세주를 부르며 자신의 비천한 울부짖음에 귀를 기울여 달라고 호소한다. 자신을 지나치지 말아 달라고 간청한다. 이 내용은 앞에서 소개한 작시 배경을 염두에 두고 이해해야 한다. 그렇지 않으면 오해하기 십상이다. 작시자가 교도소에서 간증할 때 죄수들이 부르짖었던 외침이 여기에 담겨 있다.

시적 화자는 예수님을 "온유하신 구세주"로 지칭한다. '온유한'(gentle)이란 시어는 예수님의 성품을 한마디로 묘사하는 중요한 단어다. 주님은 자신을 소개하며 마음이 '온유하고', '겸손하다'고 했으며(마 11:29), 그것을 입증하기 위해 예루살렘에 입성할 때 나귀 새끼를 타셨다(마 21:5). 'humble'(2행)은 '겸손한', '보잘것없는'의 뜻인데, 하나님께서 인간에게 요구하시는 덕목이다(약 4:6). 더욱이 주님의 성품과도 잘 어울린다. 시인은 이 두 시어(gentle, humble)를 사용해 처음부터 예수님의 관심을 강하게 끌어당긴다.

3행은 죄인들을 일일이 찾아와 만나 주시는 주님의 자비로운 모습을 보여 준다. 한국 찬송가를 비롯한 대부분의 찬송가 해설서가 "죄인 오라 하실 때에 날 부르소서"라고 번역하는데, 이는 오역이다. 3행을 정상어순으로 하면 'while Thou art calling on others'가 되는데, 강약격의 리듬을 맞추기 위해 'on others'를 앞에 배치한 것이다.

'call on'은 사람을 방문하는 것을 뜻한다. 우리 주님은 가만히 서서 오라고 부르시는 분이 아니다. 적극적으로 직접 찾아다니며 만나 주시는 분이다. 이렇게 해석해야 작시 배경에서 언급한 교도소의 상황과 어울리고, 4행의 '지나치다'와도 연결된다.

시인은 주님이 자신의 부르짖음을 무시하지 않을까 염려하며 애타게 부르짖는다.

일상 속 소소한 경험을 승화시켜 영적 성장을 도모하는 시인의 상상력이 얼마나 놀라운가!

마지막 행의 "절 지나치지 마소서"(Do not pass me by)라는 외침은 아브라함이 천사를 대접한 극적 사건을 떠올리게 한다(창 18:3). 아브라함은 세

손님이 자신을 찾아온 것을 발견하고 몸을 굽혀 영접하며 간청했다.

"당신의 종을 지나쳐 가지 마십시오."(Do not pass your servant by. NASB)

결국, 아브라함은 이로 인해 사라가 아들을 낳을 것이라는 엄청난 약속을 들었다.

시의 화자는 3행에서 고어(Thou, art)를 사용해 하나님의 위대하심에 경의를 표한다. 동시에 아브라함이 받았던 은혜가 자신에게 주어지기를 고대한다. 'Thou'는 2인칭 단수 주격으로 지금의 'you', 'art'는 'are'에 해당한다.

제2연은 하나님의 보좌 앞에 나아와 안위를 얻으며 깊이 참회하는 장면을 시각화한다. '자비의 보좌'는 히브리서 4:16에 있는 "은혜의 보좌"를 말한다. 히브리서 저자는 우리가 "때를 따라 돕는 은혜를 얻기 위하여 은혜의 보좌 앞에 담대히" 나아가야 한다고 촉구한다. 이 보좌는 영광의 보좌이며 모든 은혜의 근원이다. 그리스도인에게 있어서 이 용어는 특정 장소를 가리키지 않는다. 자신이 죄인임을 느끼며 하나님께 도움을 요청하는 그곳이 바로 은혜의 보좌다.

화자는 은혜의 보좌에서 '달콤한 위안'(sweet relief)을 얻고 싶어 한다. 'relief'(안심, 위안)는 근심이나 걱정이 사라지게 해 편안함을 느끼게 하는 것을 의미하는데, 긴박성을 강조한다. 하나님께 부르짖는 성도는 이러한 마음 자세로 기도해야 한다. 그분의 은혜가 없으면 한 순간도 살아갈 수 없기 때문이다.

구약성경의 라멕은 아들을 낳고 이름을 '노아'라고 불렀다. 여호와께서 저주하신 땅으로 인해 그들이 겪는 고통 중에서 그 아들이 '위로'(relief)를 가져다 줄 것으로 확신했기 때문이다(창 5:29, HCSB). 라멕은 어려운 환경에서도 절망하거나 원망하지 않고 마치 예언자와 같은 심정으로 하나님의 도우심을 기대했다(VOICE). 이러한 그의 신앙은

가인의 자손 중에 등장하는 동명이인 라멕의 교만한 태도(창 4:23-24)와 뚜렷한 대조를 이룬다.

언제 어디서나 기도하는 시간에 달콤한 위안을 얻을 수 있다면 얼마나 좋을까!

'Thy'는 'Thou'의 소유격으로 지금의 'your'(당신의)에 해당한다.

3행의 'contrition'(참회)이란 시어는 자비의 보좌 앞에 나아온 성도에게 아주 중요하다. 하나님이 원하는 제사가 "통회하는(contrite) 마음"이며(시 51:17), 그분께서 그러한 자와 함께하겠다고 선언하셨기 때문이다(사 57:15).

은혜의 보좌 앞에서 "무릎 꿇고"(3행), "믿음 없는 것을 도와주소서"(4행)라고 외치는 부르짖음은 복음서에 나오는 귀신 들린 아이 아버지의 절규와 닮아 있다(마 17:14; 막 9:24). 시적 화자는 귀신 들린 아이의 아버지에게 있었던 간절한 마음으로 주님께 도움을 요청한다. 한국 찬송가의 가사로는 이런 성경적 이미지를 발견하기가 어렵다.

제3연은 오직 예수님의 공로만을 의지하며 상한 심령을 치유하고 구원해 주시도록 간청한다. 여기서 시인은 아주 멋진 시적 기교를 선사한다. 이 시는 전체적으로 2행과 4행이 각운을 이룬다. 그런데 제3연은 예외로 1행과 3행, 2행과 4행이 각운을 이룬다. 이런 기교는 제3연 전체를 하나로 엮으며, 주님만을 전적으로 의지하는 단호한 결의를 표현한다. 마치 주님의 보혈이 깨어지고 상한 영혼을 치유하는 현장을 보여 주는 듯하다.

오직 예수님의 "공로"(merit)만을 의지하는 자세(1행)는 로마서 5:17을 암시한다. 사도 바울은 성도가 예수 그리스도의 공로로 풍성한 은총을 입어 하나님과 올바른 관계를 갖게 되었다고 선언한다(공동번역). "하나님의 얼굴을 찾는다"(2행)는 표현은 시편 105:4, 역대하 7:14에서 인용한 것이다.

하나님은 솔로몬에게 나타나 자신의 백성이 "악한 길에서 떠나 스스로 낮추고" 자신의 "얼굴을 찾으면" 그들의 죄를 사하겠다고 약속하셨다(대하 7:14). '하나님의 얼굴을 찾는다'는 말은 그분의 자비와 긍휼, 도움을 의지한다는 의미다. MSG 역본은 이를 '하나님의 임재를 구하는 것'으로 번역한다.

3행의 '상한 마음'(wounded heart)은 시편 109:22, '깨어진 심령'(broken spirit)은 시편 51:17을 상기시킨다. '깨어지고 상한 영혼'은 하나님께서 인간에게 원하시는 마음 상태다. 인간 스스로의 힘으로 죄를 해결할 수 없음을 깨닫고 통회하는 겸손한 마음이다. 하나님은 마음이 상한 자를 가까이 하며 "겸손한 자들에게는 은혜를" 주신다(벧전 5:5).

제2-3연이 주님께 간구하는 내용을 서술했다면, 제4연은 예수님이 시인에게 어떤 의미가 있는지 고백한다. 즉, 예수님이 누구인지 알려 준다. 이런 점에서 제4연은 이 시의 절정이며 결론이다.

시적 화자는 예수님을 다음과 같이 소개한다.

- 모든 위로의 원천
- 생명보다 더 귀하신 분
- 이 세상과 하늘에서 우리가 바랄 수 있는 유일한 분

'spring'(근원, 샘)은 지표면을 뚫고 끊임없이 솟아나는 물의 흐름을, 'comfort'는 비탄이나 고뇌를 없애 주어 소망과 기력을 갖게 하는 것을 의미한다. 1-2행은 시편의 내용을 암시한다. 시편 119:76은 "주의 인자하심이" 우리의 "위안"(comfort)이 되고, 시편 63:3은 "주의 인자하심이 생명보다 나으므로" 주를 찬양한다고 선포한다. 생명보다 더 소중한 것은 이 세상에 없다. 하나님의 견고한 사랑이 생명보다 더 나은 이유는, 그분의 은

총에서 벗어난 생명은 그 자체가 죽은 것이기 때문이다.

3-4행은 시편 73:25에 있는 아삽의 노래를 거의 그대로 인용한다.

> 하늘에서는 주 외에 누가 내게 있으리요, 땅에서는 주 밖에 내가 사모할 이 없나이다 (시 73:25).

시인은 오직 하나님만이 이 세상과 하늘에서 우리가 의지할 수 있는 유일한 대상임을 분명히 한다. 3행의 'beside'는 고어로 사용되었는데, 'besides'(그밖에, 더하여)의 뜻이다. 이는 어떤 대상 외에 다른 것을 추가하는 행위를 강조한다. 'Thee'(4행)는 'Thou'의 목적격으로 지금의 'you'(당신을)에 해당한다.

우리는 신앙생활을 하면서 믿음 외에 눈에 보이는 다른 어떤 것을 의지할 때가 종종 있다. 출애굽한 이스라엘 백성이 하나님을 전적으로 의지하지 못하고 금송아지를 만들어 섬겼듯이 말이다.

한 예로 2021년 한 기독교 일간지가 기독 청년을 대상으로 설문 조사를 실시했다고 한다. 그 결과, 259명의 응답자 중 131명이 점(占)을 본 적이 있다고 한다. 하지만 작시자의 고백처럼 '위로의 원천'이 하나님께 있음을 분명히 믿는 그리스도인은 "죄인들의 길에" 서지 않아야 한다(시 1:1).

🌿 시의 화자처럼 예수님을 간절히 찾은 때가 언제인가?
🌿 지금 당신의 영적 상태는 깨어지고 상한 마음인가?

[영미시로 경험하는 찬송가 2]

저 장미꽃 위에 이슬

(찬송가 442장, In the Garden)
― 암실에서 만난 예수 그리스도

<제1연>
이슬이 아직 장미꽃 위에 맺혀 있을 때
나 홀로 그 정원으로 온다.
내 귀에 떨어지는 음성을 들으니
하나님의 독생자께서 들려주시네.

I come to the garden alone
While the dew is still on the roses
And the voice I hear falling on my ear
The Son of God discloses.

<후렴>
그가 나와 함께 거닐고, 나와 함께 대화하며
'내가 그의 것'이라고 말씀하시네.

그리고 우리가 거기서 지체하며 나눈 그 기쁨은
아무도 모르리.

And He walks with me, and He talks with me,
And He tells me I am His own;
And the joy we share as we tarry there,
None other has ever known.

<제2연>
그가 말씀하시고, 그의 목소리가
너무 감미로워 새들도 노래를 그치네.
그가 주신 멜로디가
지금도 내 마음속에서 울리고 있네.

He speaks, and the sound of His voice,
Is so sweet the birds hush their singing,
And the melody that He gave to me
Within my heart is ringing.

<제3연>
비록 내 주위에 어둠이 깃들어도
나 그와 함께 동산에 머물고 싶네.
하지만 가라고 명하시네. 비탄의 목소리를 뚫고
나를 향한 그의 음성이 지금도 들리네.

I'd stay in the garden with Him
Though the night around me be falling,
But He bids me go; through the voice of woe
His voice to me is calling.

[작품 배경]

이 시는 찰스 어스틴 마일즈(Charles Austin Miles, 1868~1946)가 1912년에 썼다. 곡도 그가 직접 붙였다. 마일즈는 미국 뉴저지주 레이크허스트에서 출생했으며, 대학에서 약학을 공부하고 졸업 후 약국을 경영했다. 그러나 1892년에 약사 직업을 포기하고 찬송시를 쓰기 시작했다. 약사로 일하는 것보다 찬송시를 쓰는 것이 하나님을 더 잘 섬기는 데 도움이 되리라 생각했기 때문이다. 1898년부터 37년 동안 음악출판사에서 근무하며 400편이 넘는 찬송가를 작사·작곡했다.

이 시는 그가 아담 가이벨이라는 친구의 부탁을 받고 말씀을 묵상하며 쓴 것이다. 가이벨에게는 무남독녀 딸이 있었다. 그런데 이 딸이 결혼한 지 얼마 되지 않았을 때 사위가 회사의 용광로 폭발 사고로 세상을 떠났다. 이에 가이벨은 시련에 빠진 가족을 위해 시 한 편을 써 달라고 요청하며 다음과 같이 부탁했다(Osbeck 1982, 124).

> 동정적인 음조에 각 절마다 부드러운 감정이 깃들어 있고, 소망이 없는 자에게 소망을 줄 수 있으면 좋겠네. 그리고 고달픈 자에게 안식을 주고, 침상에서 죽어가는 자들에게 부드러운 베개와 같은 노래를 써 주게.

1912년 3월 어느 날, 마일즈는 자신의 사진 장비와 오르간이 있는 암실에 앉아 성경을 펼쳤다. 그가 좋아하던 요한복음 20장의 말씀이 눈에 들어왔다. 동산에서 부활하신 예수님과 막달라 마리아가 만나는 장면을 읽다가 그는 극적인 장면에 완전히 매료되었다.

마치 자신이 그 현장에 증인으로 와 있는 듯한 느낌이었다. 마리아가 주님 앞에서 무릎을 꿇고 외치는 소리가 생생하게 들렸다.

"랍오니!"

이러한 영감을 받자 그는 즉시 시를 썼고, 그날 저녁에 곡을 붙였다 (Reynolds 1990, 111).

이 찬송은 한국 찬송가에 실린 곡 중 아마도 가장 서정적인 작품일 것이다. 시적으로 너무 아름다운 예술 작품이다. 이 곡은 1984년 아카데미상 2개 부문에서 수상했던 〈마음속의 공간들〉(Places in the Heart)이란 영화에서 불린 것으로 널리 알려져 있다.

이 시는 한 편의 영화처럼 작은 동산을 배경으로 주님과 함께 거닐며 대화하는 장면을 보여 주는데, 시청각적 이미지를 많이 활용해 더욱 생동감을 준다. 분위기 면에서 보면 제1-3연은 서정적이며 온화한 느낌을 주고, 후렴은 주님과 동행하는 교제의 기쁨을 노래한다.

시상은 시간의 흐름에 따라 진행된다. 제1연은 시적 화자가 이른 아침에 동산으로 나아오는 광경을, 제2연은 말씀을 들려주시는 주님의 모습을 소개한다. 마지막 연은 어둠이 깃들어 주님과 헤어져야 하는 서운한 마음을 노래한다. 압운을 살펴보면 전체적으로 2행과 4행이 각운을 이룬다.

[작품 해설]

제1연은 이른 아침에 홀로 정원으로 나아와 부활하신 주님의 말씀을 듣는 장면을 묘사한다. 여기서 '그 정원'(the garden)은 막달라 마리아가 부활하신 예수님을 만났던 동산이다(요 20:15). 이제 마리아 대신에 화자가 예수님의 말씀을 직접 듣는다.

2행의 '장미꽃들 위에 맺힌 이슬'은 이른 아침 동산의 전경을 시각화하는데, 시인의 풍부한 상상력을 잘 보여 준다. 이 구절은 신명기 32:2을 상기시킨다. 모세는 하나님의 가르침이 비처럼 내리고, 그 말은 '이슬처럼 방울져 떨어지며', 연한 풀 위에 내리는 가랑비와 같다고 노래한다(KJV).

모세는 자신의 입을 통해 선포되는 여호와의 말씀이 메마른 사람의 영혼을 새롭게 하고 기름지게 만드는 이슬과 같다고 선언한다. 특히, 영시의 이 구절이 예수님께서 들려주시는 음성과 연결된다는 점에서 '이슬'과 '그분의 목소리'는 잘 어울린다.

제1연에서 2행의 'roses'(장미꽃들)와 4행의 'discloses'가 각운을 이룬다. 시인은 장미꽃 위에 맺힌 이슬이 굴러떨어지는(falling) 영롱한 소리와 내 귀에 떨어지는(falling) 주님의 감미로운 음성을 연결시킨다.

얼마나 멋진 시적 이미지인가!

한국 찬송가의 번역시로는 이런 아름다움을 느낄 수 없다. 성경에서 "이슬"(dew)은 하나님의 은총과 축복을 상징한다. 이삭은 야곱을 축복하며 하나님께서 하늘의 이슬을 내려 주고 땅을 기름지게 해 주시기를 원한다고 기원한다(창 27:28).

다윗은 하나님의 은혜를 설명하며 황야의 초장에도 이슬이 뚝뚝 떨어지고, 언덕들이 기쁨으로 띠를 띠었다고 노래한다(시 65:12, ISV). 잠언 19:12은 하나님과 왕의 총애를 풀밭 위에 내리는 이슬에 비유한다.

4행의 'disclose'는 '비밀 따위를 폭로하다', '들추어내다', '발표하다'의 뜻인데, 지금까지 보여 주지 않았던 것을 보여 주는 행위를 의미한다. 주님은 화자에게 은밀한 말씀을 들려주시는데, 그 내용은 후렴에 등장한다. 요한복음 14:21은 예수님을 사랑하는 사람이 아버지 하나님의 사랑을 받을 것이고, 예수님은 그에게 자신을 '나타내실'(disclose) 것이라고 선언한다(NASB). 요한복음의 이 말씀은 그리스도께서 성령을 통해 우리에게 나타나실 것을 예고한다. 신자 안에 아버지 하나님과 독생자 예수님이 상호 내주하실 것을 알려 준다(Bock 2005, 476).

후렴은 주님과 대화하며 느끼는 기쁨을 노래한다. 다른 연과는 다르게 등위 접속사(and)를 네 번이나 사용해 그 순간에 느끼는 기쁨과 환희를 상세히 드러낸다. 1행은 '나와 함께'(with me)라는 표현을 의도적으로 반복한다. 이 구절은 임마누엘이신 예수님을 연상케 한다. 그분은 언제나 '우리와 함께하는 하나님'(God with us)이시다(마 1:23).

2행은 예수님의 음성을 간접 화법으로 들려준다. 우리가 '그분의 소유물'(His own)이라고 확언한다. 한국 찬송가는 "나를 친구 삼으셨네"로 번역하는데, 이는 오역이다. 소유격 뒤에 나오는 'own'은 소유나 이해관계를 강조하며 자기 소유임을 분명히 한다.

우리가 그분의 소유물인 까닭은 그분이 자신의 보혈을 대가로 치러 우리를 속량하셨기 때문이다. 아마 시인은 원래 직접 화법을 사용해 표현하고 싶었으리라.

'You are Mine!'(너는 내 것이라!)

하지만 4행의 마지막 단어 'known'과 각운(/oun/)을 맞추기 위해 간접 화법을 활용한다. 주님이 들려주신 음성은 이사야 43:1에 있는 강력한 말씀을 떠올리게 한다.

> 야곱아 너를 창조하신 여호와께서 지금 말씀하시느니라. 이스라엘아 너를 지으신 이가 말씀하시느니라. 너는 두려워하지 말라. 내가 너를 구속하였고 내가 너를 지명하여 불렀나니 너는 내 것이라(사 43:1).

우리가 그리스도인이 된 것은 자격이나 행위 때문이 아니다. 오직 하나님의 무조건적인 은혜와 자비의 결과이다.

3-4행은 주님과 교제하는 기쁨이 너무 커서 최대한 오래 머물고 싶어하는 화자의 애절한 마음을 담고 있다. 'joy'(기쁨, 환희)는 행복감이 넘쳐서 가만히 있을 수 없는 크고 지속적인 기쁨을 뜻한다. 시인 다윗은 주님께서 자신의 마음에 안겨 주신 '기쁨'(joy)이 곡식과 새 포도주를 풍성하게 추수한 사람이 누리는 기쁨보다 더 크다고 주장한다(시 4:7, NLT). 주님이 주신 기쁨은 아무도 빼앗아 갈 수 없기 때문이다. 'tarry'(머물다, 지체하다)는 떠나야 할 시간인데도 머뭇거리며 지체하는 모습을 강조한다. 주님과 교제하는 기쁨이 얼마나 커서 그랬을지 충분히 상상할 만하다.

제2연은 교제하며 들려주시는 주님의 음성을 소개한다. 그 목소리가 얼마나 달콤한지 새들은 노래를 멈추고, 그 멜로디가 지금도 마음에 울려 퍼진다. "멈춘 새소리"와 "지금도 울리는 멜로디"는 기막힌 대조를 이룬다. 우리는 여기서 시적 기교를 발견할 수 있다. 제2연은 다른 연과 달리 1-2행에서 자음운(s)을 여러 차례 활용한다(speaks, sound, so, sweet, singing). 이 기교는 음악의 울림을 시각화해 실제로 노래를 듣는 듯한 인상을 준다.

우리에게 말씀하시는 그리스도의 이미지(1행)는 선한 목자 예수님을 닮아 있다. 양들은 목자의 음성을 알고, 목자는 '자기 양들'(his own sheep)의 이름을 하나하나 부른 후 밖으로 데리고 나간다(요 10:3, NRSV). 'His own'이란 표현이 후렴에 있다는 사실을 기억할 필요가 있다.

한국 찬송가는 영시 2행의 앞부분을 "청아한 주의 음성"이라고 번역하는데, 원문은 '감미로운'(sweet) 주님의 음성을 말한다. 이 내용은 시편 19:10, 119:103을 반영한다. 성경은 하나님의 말씀이 꿀보다 더 "달고"(sweet), "뚝뚝 떨어지는 송이꿀"보다 더 달콤하다고 묘사한다(EXB).

3-4행은 우리 마음에 찬양의 멜로디를 심어 주신 주님을 찬양한다. 한국 찬송가에 "내게 들리던 주의 음성이"라고 번역된 부분이 영시에는 "그분께서 내 마음에 주신 그 멜로디가"로 되어 있다. 시인은 이 구절을 통해 찬양의 근원이 하나님께 있다는 사실을 알려 준다. 그분이 우리에게 찬양할 수 있는 마음을 부어 주실 때 진정한 찬양을 드릴 수 있음을 보여 준다.

다윗은 하나님께서 자신의 입에 '불러야 할 새 노래'를 담아 주셨다고 말하며, 수많은 사람이 이것을 보고 여호와를 신뢰하게 될 것이라고 선언한다(시 40:3, NIRV). MSG 역본은 시편의 이 구절을 "하나님을 찬양하는 가장 최신 노래 부르는 방법을 주님께서 내게 가르쳐 주셨다"고 번역한다.

제3연은 밤이 되어 주님과 헤어져야 하는 화자의 아쉬운 마음을 담고 있다. 3행의 전반부까지는 동산에만 머물러 있지 말고, 세상으로 가라고 명령하시는 주님의 모습을 보여 준다. 3행의 후반부와 4행은 괴로운 세상 속에서도 계속해서 우리를 부르시는 그분의 음성을 들려준다. 화자의 주변에 어둠이 "깃드는"(falling) 광경과, 예수님의 음성이 "들리는"(calling) 장면은 대비를 이룬다.

여기서 우리는 놀라운 진리를 발견한다. 하나님께서는 우리가 주님과 나누는 기쁨에만 사로잡혀 계속 동산에 머물러 있는 것을 원치 않으신다는 사실이다. 때로는 되돌아가기 싫어도 '고뇌의 목소리'가 들려오는 현실에서 빛을 발하며 살 것을 명령하신다(3행). 'bid'는 '명령하다', '이르다'의 뜻인데, 구두로 명령하는 것을 말한다.

동산에 오래 머물기를 원하는 마음은 예수님의 변모 사건(마 17:1-8)에서 드러난 베드로의 마음 상태와 유사하다. 당시 베드로는 너무 황홀하고 위엄스런 광경에 압도되어 자기도 모르게 산 위에 초막 세 채를 짓겠다고 예수님께 제안했다. 주님의 의도는 생각하지 않은 채 말이다. 아마 주님의 영광스런 변형과 모세와 엘리야의 출현을 보고 그들의 위업을 기념할 수 있는 기념물을 만들고 싶었을 것이다(Wilkins, 667).

하지만 주님은 제자들을 이끌고 산에서 내려와 '괴로운 현실'(마 17:14-20)을 직면하게 하신다. 귀신 들린 아이와 씨름하는 제자들의 난처한 상황을 목격하게 하신다.

3행은 아주 기막힌 문학적 기교를 선사한다. 3행의 영어 문장은 아주 어색하다. "But He bids me go"로 이미 한 문장이 끝나기 때문이다. 그런데 이처럼 시의 한 행 중간에서 문장이 끝나는 경우는 거의 없다. 후반부 "through the voice of woe"(비탄의 목소리를 뚫고)는 원래 뒤 문장과 연결된다. '비탄의 목소리'는 슬픔과 고통이 가득한 이 세상의 현실을 상징한다. 이 기교는 비탄의 목소리를 '뚫고'(through) 우리를 부르시는 주님의 음성이 계속 들려온다는 사실을 시각화한다.

한밤중에 어둠을 뚫고 들려오는 주님의 음성, 얼마나 감동적인가!

시편 저자는 주님의 의로운 판단 때문에 '밤중에 일어나' 주님을 찬양하겠다고 고백한다(119:62, GNT). 성경 히브리어 원문에 의하면 이 구절에서 "밤중에"가 제일 강조되어 있다.

한국 찬송가는 3-4행을 "괴론 세상에 할 일 많아서 날 가라 명하신다"로 번역하는데, 이는 영시와 다르다. 주님은 우리를 세상으로 파송한 후 결코 버려두지 않으신다. 지금도 계속 우리에게 말씀을 들려주며 위로하신다.

🍀 하나님의 음성을 듣기 위해 홀로 있어 본 적이 있는가?
🍀 세상과 담을 쌓고 정원에만 머물고 있지는 않은가?

[영미시로 경험하는 찬송가 3]

태산을 넘어 험곡에 가도

(찬송가 445장, Heavenly Sunlight)
― 인생 여정을 이끄는 약속의 말씀

<제1연>
무수한 산을 넘고 깊은 계곡을 통과하며
내 모든 인생 여정을 햇빛 속에서 걸을 때,
"내가 결코 널 버리지 않으리라" 예수께서 말씀하셨으니
절대로 변치 않는 거룩한 약속이라.

Walking in sunlight all of my journey;
Over the mountains, through the deep vale;
Jesus has said, "I'll never forsake thee,"
Promise divine that never can fail.

<후렴>
하늘의 햇빛 하늘의 햇빛,
거룩한 영광으로 내 영혼을 가득 채우네.

할렐루야, 나 기뻐하며
그를 찬양하니 예수는 내 주시라.

Heavenly sunlight, heavenly sunlight,
Flooding my soul with glory divine;
Hallelujah, I am rejoicing,
Singing His praises, Jesus is mine.

<제2연>
나를 에워싼 그림자, 나를 덮은 그림자들이
내 구세주, 안내자를 결코 가리지 못하리.
그는 유일한 빛이요 그에겐 어둠이 없으니
나 항상 그의 곁에서 걷도다.

Shadows around me, shadows above me,
Never conceal my Savior and guide;
He is the light, in Him is no darkness;
Ever I'm walking close to His side.

<제3연>
찬란한 햇빛 속에서 늘 기뻐하며
위에 있는 대저택들을 향해 길을 재촉하네.
그를 찬양하며 기쁘게 걸으니
햇빛, 사랑의 햇빛 속에서 나 걸어가네.

In the bright sunlight, ever rejoicing,

Pressing my way to mansions above;
Singing His praises gladly I'm walking,
Walking in sunlight, sunlight of love.

[작품 배경]

이 시는 헨리 젤리(Henry J. Zelley, 1859~1942) 목사가 1899년에 썼다. 그는 미국 뉴저지주 마운트 홀리에서 태어나 고향에서 공립학교를 다녔고, 테일러대학교에서 석사와 철학 박사 그리고 신학 박사 학위를 받았다. 1882년에는 감리교 목사가 되었고, 뉴저지주 교회협의회 내에 있는 여러 교회에서 시무하다가 1929년에 은퇴했다. 젤리 목사는 전도 집회에 대단한 열성을 보였으며 1,500편이 넘는 찬송시를 써서 성도들의 신앙생활에 큰 도움을 주었다.

이 작품은 요한1서 1:5, 7을 배경으로 했고, 그리스도인으로 하여금 항상 빛 가운데서 살도록 촉구한다. 인간의 삶을 장거리 여행에 비유하며 천국을 향해 나아가는 순례자의 모습을 제시한다. 시상의 흐름을 보면 제1연은 삶의 전반적 측면을 다루고, 제2-3연은 시간순에 따라 진행된다. 압운은 전체적으로 2행과 4행이 각운을 이룬다. 각 행 끝 단어의 마지막 발음이 동일하다.

[작품 해설]

제1연은 이 시의 전제와도 같다. 삶의 모든 여정 가운데서 함께하는 하나님의 은혜를 시각화하며 '결코 버리지 않으신다'는 약속의 말씀을 들려준다. "햇빛"(sunlight)이란 시각적 이미지는 하늘에서 인간을 조용히 감찰하며 돌보시는 하나님의 은혜를 상징한다(사 18:4). 'journey'(1행)는 장거리 육상 여행을 뜻하는데, 각종 어려움과 위험이 산재한 험난한 여정을 암시한다.

"수많은 산과 깊은 계곡"(2행)은 인생의 흥망성쇠를 함축하며, 고단한 인생사를 보여 준다. 동시에 그러한 어려움 속에서도 변치 않고 지켜 주시는 하나님의 보호와 사랑을 돋보이게 한다. 어둠 속에서 빛이 더욱 강렬한 효과를 드러내듯이 말이다.

한국 찬송가에는 "항상 지키시기로 약속한 말씀"으로 번역되었는데, 원문은 예수님의 음성을 고스란히 들려준다(3행).

"내가 결코 널 버리지 않으리라."

시인은 오직 제1연에서 직접 화법을 사용해 예수님의 강한 의지를 전달한다. 자신의 자녀에 대한 하나님의 절대적 보호를 약속한다. 그런 점에서 이 인용문은 시의 내용 전체를 지배하며 그리스도인에게 강한 확신을 심어 준다.

고단한 인생 여정에서 이 약속의 말씀을 항상 되새길 수 있다면 얼마나 좋을까!

'forsake'(버리다)는 개인적으로 친밀한 관계를 단절하는 행위를 말하며, 그리스도인과 예수님의 관계가 얼마나 친밀한가를 시사한다. 3행의 인용문은 히브리서 13:5에서 따온 것인데, 헬라어 성경에서 "결코"와 "버리지 않으리라"가 아주 강조되어 있다.

정말로 놀랍지 않은가!

사실 히브리서의 약속은 구약성경 신명기 31:8, 여호수아 1:5을 그대로 반복한다. 예수님은 하나님께서 모세와 여호수아에게 하셨던 말씀을 상기시키신다. 우리는 여기서 수천 년이 지나도 "절대로 변치 않는"(4행) 약속의 말씀을 눈으로 확인할 수 있다.

2행의 'vale'(골짜기)과 4행의 'fail'(약해지다, 약속을 지키지 못하다)은 각운을 이루며 뚜렷한 대조를 보여 준다. 이러한 문학적 기교는 극한 어려움에서도 우리를 붙드는 약속의 말씀을 시각화한다. 다윗은 "내 평생에 선하심과 인자하심이 반드시 나를 따르리니"(시 23:6)라고 노래하는데, '따르다'에 해당하는 히브리어의 의미가 '추적하다'(pursue)이다.

후렴은 우리에게 기쁨을 선사하며 앞으로 나아갈 수 있도록 이끄는 하늘의 햇빛을 노래한다. 시인은 2행에서 홍수(flood) 이미지를 활용해 강력하게 임하는 하나님의 은혜를 시청각적으로 제시한다. 'flood'(홍수, 넘치게 하다)는 범람해 모든 것을 휩쓸어 가는 강한 물살을 암시한다. 신앙생활은 결코 인간의 힘으로 할 수 없다. 오직 하나님의 은혜가 주어질 때 가능하다. 우리의 영혼을 거룩한 영광으로 가득 채워 주시는 은혜, 그것이 우리로 하여금 고난을 극복하게 하고 시련 속에서도 찬양하게 한다.

화자는 거룩한 영광에 휩싸여 "할렐루야"를 외치며(3행) 벅찬 감격을 표현한다. 주님을 자신의 구주로 모셨다는 사실을 선포한다(4행). 히브리어인 할렐루야는 '야훼(하나님)를 찬양하라'란 뜻이다. 후렴에서 세 번이나 반복되는 'ing'(flooding, rejoicing, singing)는 음악의 울림을 반영하며, 시적 화자의 감격적인 외침을 고스란히 들려준다. 정말로 시에서만 느낄 수 있는 놀라운 기교다.

제2연은 깊은 계곡의 어둠 속에서도 우리를 인도하는 구세주이며 안내자이신 주님을 찬양한다. 화자는 비록 힘든 상황이지만 '항상'(ever) 주님 곁에서 걷겠다고 다짐한다. 한국 찬송가의 2절은 원문의 의미를 제대로 드러내지 못한다.

1행은 암담한 현실을 보여 준다. "그림자들"이 둘러싸고 있고 심지어 머리 위까지 덮고 있는 매우 위협적이고 불안한 상황을 묘사한다. 두 번이나 연속해서 등장하는 '그림자'(shadows)가 모두 복수다. 시인은 동일한 구문을 사용해 출구가 없는 것처럼 보이는 답답한 현실을 리얼하게 제시한다. '그림자'란 시어는 시편 23:4을 상기시킨다. "내가 '죽음의 그림자'(death-shade)가 드리운 골짜기를 걸어간다고 해도 해(害)를 두려워하지 않습니다"(YLT).

개역개정은 이 부분을 "사망의 음침한 골짜기"로 번역해 히브리어 성경의 뉘앙스를 간파하기 어렵게 만든다. 여기서 '그림자'란 단어에 유의할 필요가 있다. 이는 실체가 아닌 허상이다. 그림자는 절대로 우리에게 해를 끼치지 못한다. 단지 겁만 줄 뿐이다.

2행은 예수님을 '구세주', '안내자'(guide)로 소개한다. 'guide'는 줄곧 동행하며 안내하는 사람을 가리킨다. 제1연에서 우리를 버리지 않겠다고 확언하신 주님이 제2연에서는 동반자와 구세주로 등장한다. 훨씬 구체화되어 있다. 1-2행은 자음운 's'(shadows, Savior)를 사용해 절망적인 현실과 구세주의 위대한 능력을 대조하며 시각화한다.

화자는 예수님이 '유일한 빛'(the light)이시며 그 안에 어둠이 없다고 소개하는데(3행), 이는 요한복음 1:4과 요한1서 1:5을 떠올리게 한다. 성경은 예수님 안에 생명이 있었고, 그 생명은 '사람들의 유일한 빛'이었다고 선언한다(요 1:4, YLT). 이 내용은 모든 인간이 그리스도께 나아와 그분과 동행해야 할 필연적 이유를 제시한다.

제3연은 깊고 어두운 계곡을 지나 찬란한 햇빛 속에서 하나님을 찬양하며 걷는 순례자의 이미지를 제시한다. 하늘의 대저택들을 바라보며 힘 있게 나아가는 장면을 묘사한다. 제3연은 제1-2연과 다르게 1행과 3행, 2행과 4행이 각운을 이룬다. 앞의 제1-2연에서 2행과 4행만이 각운을 이루었다는 점을 고려하면, 이러한 변화는 분명히 의도적이다. 이런 기교는 제3연 전체를 하나로 엮는다.

아울러 기쁘게 노래하며 천국을 향해 나아가는 가슴 벅찬 장면을 실감 나게 전달한다. 여기서 다섯 번이나 반복된 'ing'(rejoicing, pressing, singing, walking)는 음악의 울림을 시각화한다. 후렴을 제외한 제1-2연에는 'ing'가 각각 한 번씩 등장한다.

2행의 "위에 있는 대저택들"(mansions above)은 요한복음 14:2에 있는 "거할 곳"(개역개정)이며, 이는 그리스도인이 동경하는 영원한 천국을 뜻한다. ASV, KJV, NKJV, YLT 역본은 개역개정의 '거할 곳'을 '수많은 대저택'으로 번역한다. 한국 찬송가는 이를 '천국'으로 번역하는데, 원문의 표현이 훨씬 구체적이며 벅찬 감동을 잘 전달한다.

최근 미국의 기독교계 여론 조사 기관 라이프웨이 리서치가 미국인 1,000명을 대상으로 천국에 대한 신념을 알아보기 위해 설문 조사를 했다고 한다. 그 결과, 약 55퍼센트의 응답자가 '천국과 영생에 대한 확신을 갖는 것'이 삶에서 다주 중요하다는 견해를 밝혔다.

하지만 사망 후 천국에서 하나님과 함께할 것을 확신한다는 미국인은 37퍼센트에 불과했다. 이런 시각에서 보면 위에 있는 대저택들을 향해 끊임없이 길을 재촉하는 화자의 태도는 우리에게 강한 도전을 준다.

마지막 행은 "햇빛"을 언급한 뒤에, 그 햇빛이 바로 '사랑의 햇빛'이라는 점을 한 번 더 강조한다. "햇빛"(sunlight)이란 시어는 이 시의 처음(walking in sunlight)과 마지막(sunlight of love)을 장식한다. 바꿔 말하면 시 전체를 감싸고 있다. 이는 인간 삶의 처음과 마지막, 즉 모든 것이 하나님의 은혜와 사랑으로 이루어짐을 상징적으로 보여 준다. '사랑의 햇빛'이란 표현은 요한1서 4:8을 반영한다. "하나님은 사랑이심이라."

🌿 거룩한 약속의 말씀이 지금 당신에게 어떤 행동을 요구하는가?
🌿 하늘의 대저택이 당신을 위해 준비되었다고 확신하는가?

[영미시로 경험하는 찬송가 4]

내 영혼에 햇빛 비치니

(찬송가 428장, Sunshine in My Soul)
— 봄날, 공원에서 만난 하나님

<제1연>
오늘 내 영혼에 햇빛 있으니
이 세상 하늘에 있는 어떤 발광체보다
더 영화롭고 찬란하네,
예수께서 나의 빛이시기 때문이라.

There is sunshine in my soul today,
More glorious and bright
Than glows in any earthly sky,
For Jesus is my light.

<후렴>
평화롭고 행복한 순간들이 굽이칠 때
오, 햇빛, 복된 햇빛 있네.

예수께서 그의 웃는 얼굴을 보여 주실 때
내 영혼에 햇빛 있네.

O there's sunshine, blessed sunshine,
When the peaceful, happy moments roll;
When Jesus shows His smiling face,
There is sunshine in my soul.

<제2연>
오늘 내 영혼에 음악 있으니
나의 왕께 드리는 축가라.
귀를 기울이는 예수께서 들으실 수 있네
내가 부를 수 없는 노래들을.

There is music in my soul today,
A carol to my king,
And Jesus, listening, can hear
The songs I cannot sing.

<제3연>
주님이 가까이 계시니
오늘 내 영혼은 봄날이라.
내 마음에서 평화의 비둘기가 노래하고
은혜의 꽃들이 피어나네.

There is springtime in my soul today,
For, when the Lord is near,
The dove of peace sings in my heart,
The flowers of grace appear.

<제4연>
그가 지금 내게 많은 축복을 내리시고
하늘에 기쁨이 쌓여 있으니,
오늘 내 영혼에 즐거움,
소망과 찬양 그리고 사랑이 있네.

There is gladness in my soul today,
And hope and praise and love,
For blessings which He gives me now,
For joys laid up above.

[작품 배경]

이 시는 엘리자 히윗(Eliza E. Hewitt, 1851~1920)이 1887년에 썼다. 그녀는 미국 펜실베이니아주 필라델피아에서 태어나 평생 결혼하지 않고 고아와 주일학교 학생들을 위해 헌신했다. 고등학교 졸업 후 잠시 공립학교 교사로 일했으나, 척추 장애로 인해 그만두고 병약한 몸으로 시작(詩作)에 몰두했다.

그러나 병에서 회복되어 다시 일할 수 있게 되었을 때에는 오갈 데 없는 아이들을 위한 '노던 홈'(Northern Home) 주일학교 부장으로 일했다.

후에는 칼뱅장로교회로 옮겨 세상을 떠날 때까지 초등부 부장으로 봉사했다(Cyber Hymnal). 그녀가 주일학교 학생들에게 얼마나 헌신적이었던지 다른 교회나 기관으로부터 설교 부탁을 받을 때마다 이렇게 말했다고 한다.

"제가 병중에 있거나 이 도시를 떠난 때를 제외하면 제가 섬기는 칼뱅장로교회 초등부 부장 일을 중단한 적이 없습니다. 그러니 이 점을 고려해 초청해 주시면 기꺼이 응하겠습니다."

이 작품은 그녀가 교사로 근무하던 시절에 겪었던 쓰라린 경험을 바탕으로 한다. 1887년 어느 날, 교칙을 자주 어기는 한 학생을 조용히 타이르고 있었다. 그런데 그때 그 학생이 슬레이트 조각으로 그녀의 등을 사정없이 내리쳤다. 이로 인해 히윗은 상반신에 석고 붕대를 한 채 6개월 동안 거의 움직이지 못하고 대소변을 받아 내야 하는 신세가 되었다.

마침내 석고 붕대를 풀었을 때, 의사는 그녀에게 근처의 페어마운트공원을 잠깐 산책해도 좋다고 제안했다. 따스하고 화창한 봄날의 아름다운 풍경은 그녀로 하여금 하나님의 사랑을 듬뿍 느끼게 했다. 그녀는 집으로 돌아와 즉시 펜을 들어 시를 써 나겼다. 그것이 바로 이 찬송시다(Morgan, 223).

이 시는 오랫동안 어둡고 갑갑한 병실에서 누워 지내던 시인이 따사로운 봄볕을 쬐며 하나님의 은혜를 만끽하는 장면을 보여 준다. 전체적인 특징을 보면, 각 연의 1행에서 'there is' 구문을, 뒤에서 'for'를 사용해 앞의 설명에 대한 이유를 제시한다. 이 구문은 예수님의 성품과 그분이 우리에게 베푸시는 혜택을 하나씩 나열한다.

제1연은 빛이 되신 그리스도, 제2연은 왕으로서 귀를 기울이시는 예수님, 제3연은 우리 곁에 계시는 주님, 제4연은 우리에게 복을 주시는 하나님을 소개한다. 시상의 흐름은 시간순으로 진행되며 갈수록 범위가 확장된다. 현실 세계에서 시작해(제1-3연) 천상의 영역(제4연)으로 이동한다. 압운을 살펴보면 각 연의 2행과 4행이 각운을 이룬다.

[작품 해설]

제1연은 따스한 햇살을 받으며 영혼의 빛, 예수님을 떠올리는 화자의 모습을 보여 준다. 시각적 이미지(sunshine, glows, light)가 주류를 이루며, 이 세상의 빛과 비교할 수 없을 정도로 뛰어나신 예수님을 설명한다.

1행은 우리의 영혼을 환하게 비추는 햇빛을 노래하는데, 시편 84:11과 말라기 4:2을 떠올리게 한다. 시편 저자는 여호와 하나님이 우리의 '해'(sun)와 방패가 되고, 옳은 일을 행하는 자에게 은혜와 영광을 주신다고 선언한다(NLT).

말라기 선지자는 심판 날에 임하실 하나님을 태양에 비유한다. '의로운 해'가 떠올라서 치료하는 광선을 비출 것이라고 예언한다. "의로운 해"는 태양보다 더 강렬한 빛을 발하는 예수님을, "치료하는 광선"은 그분의 구원하시는 능력을 의미한다(GNT).

2-3행은 하나님의 빛과 이 세상의 발광체를 대조한다. 'glow'(백열광, 발광체)는 하늘의 태양이나 별을 뜻한다. 높은 산에서 변모되신 예수님의 모습은 그분의 영광(靈光)이 어느 정도인지 짐작하게 한다. 마태는 주님의 얼굴이 마치 '태양과 같이' 하늘의 찬란한 영광과 함께 빛났고, 그분의 옷은 '빛'과 같이 희게 되었다고 서술한다(17:2, AMP). MSG 역본은 마태의 이 구절을 "그분의 얼굴에서 햇빛이 쏟아져 나왔고 그분의 옷은 빛으로 충만했다"고 번역한다.

4행은 우리의 빛이 되신 예수님을 노래하는데, 이러한 고백은 다윗의 찬양과 닮아 있다. 다윗은 여호와께서 자신을 원수들의 손에서 건져 주신 날에 주님께서 자신의 '빛'이 되어 어둠을 밝히신다고 노래한다(시 18:28, BBE). 여기서 2행의 'bright'와 4행의 'light'가 각운을 이룬다. 이는 우리를 이끄시는 강렬하고 능력 있는 하나님의 손길을 상징적으로 보여 준다.

후렴은 햇빛과 함께 밀려오는 기쁨과 환희를 시청각적 이미지를 통해 형상화한다. 행복하고 평화로운 순간들이 마치 파도처럼 굽이치는 현장을 시각화한다. 후렴은 특히 다른 연보다 자음운(s)을 많이 사용한다 (sunshine, shows, smiling, soul). 여기서 반복되는 마찰음 's'는 행복한 순간이 물밀듯 다가와 우리 마음에 부딪히는 소리를 들려준다.

시인은 따스한 햇살을 받으며 그 속에서 환하게 웃으시는 예수님의 '미소 짓는 얼굴'을 본다(3행).

얼마나 놀라운 상상력인가!

자연에서 하나님의 얼굴을 발견하다니 말이다!

바울은 하나님께서 창조하신 만물을 유심히 관찰하는 사람들이 육체의 눈으로 볼 수 없는 것을 본다고 확언한다. 자연 속에서 하나님의 영원한 능력과 신성의 신비를 깨닫게 된다고 주장한다(롬 1:20, MSG). 예수님은 내면세계, 곧 마음과 생각이 바르게 정립된 사람이 현실에서 하나님을 볼 수 있다고 말씀하셨다(마 5:8, MSG, JMNT).

빛이신 예수님을 발견한 신앙인은 어떻게 살아야 하는가?

빌립보서 2:15은 삐뚤어지고 타락한 세상에서 그리스도인이 주님의 빛을 반사하는 '발광체'로 살아야 한다고 이야기한다. 어두운 하늘을 밝히는 별처럼 세상 사람들 가운데서 빛을 발해야 한다고 주장한다(GNT).

제2연은 청각적 이미지(music, listening, hear, song)를 강조하며 기쁨에 넘쳐 하나님을 찬양하는 화자의 모습을 제시한다. 제1연에서 시각적 이미지를 활용한 시인은 이제 여기서 청각적 이미지를 통해 화자의 반응을 소개한다. 아울러 왕으로서 우리의 음성에 귀를 기울이고 내면의 소리까지 들으시는 그분의 신적 능력을 보여 준다.

한국 찬송가에 "노래 있으니 주 찬양합니다"라는 부분이 영시에는 "음악 있으니 나의 왕께 드리는 축가라"로 되어 있다. 한국 찬송가의 "주님"

과 "노래"가 원래는 '왕'과 '캐럴'이다. 그런데 "나의 왕"이란 표현은 아주 중요하다. 우리의 찬양과 경배를 받으시는 대상이 누구인지 명확히 한다. 만약 우리의 노래가 왕께 드리는 축가라는 사실을 명심한다면, 분명히 노래를 부르는 태도가 달라질 것이다.

2행의 'carol'(축가)은 기쁨과 찬양의 내용이 담긴 종교적 노래인데, 특히 크리스마스 시즌에 부르는 노래를 말한다. 즐거움과 생동감 그리고 자발성을 암시한다. 이 시어는 화자의 노래가 어떤 강요에 의해서가 아니라, 자연스럽게 흘러나오는 기쁨의 찬양이란 점을 강조한다. '왕께 드리는 캐럴'은 아기 예수가 탄생했을 때 동방박사들이 찾아와 경배한 사건을 상기시킨다.

그렇다면 시인이 왜 '캐럴'이란 단어를 선택했을까?

이는 그녀가 왕으로서의 예수님을 새롭게 깨달았기 때문이다.

3-4행은 화자(인간)와 예수님을 대조하며 그 차이를 부각한다. 화자는 노래를 부를 수 없지만, 예수님은 귀를 기울이고 들으신다. 여기서 'can'(할 수 있다)과 'cannot'(할 수 없다)은 아주 중요한 의미를 던져 준다. 인간의 능력과 하나님의 능력이 얼마나 다른지를 절묘하게 제시한다. 사람에게는 '불가능하지만', 하나님께는 모든 것이 '가능하다'(막 10:27). 4행의 "내가 부를 수 없는 노래들"이란 구절은 시인의 병약한 상태를 함축하는데, 이 의미가 한국 찬송가에 나타나 있지 않다.

제3연은 봄 풍경을 바라보며 영혼의 봄날을 상상하는 시인의 모습을 그린다. 시청각적 이미지를 활용해 영적 봄날의 활기찬 장면을 묘사한다. 제1-2연과 비교하면 화자의 영적 시야가 더욱 확장된다. 내면세계에서 탈피해 외부 세계로 향한다. 화자는 달콤한 새소리를 듣고 향긋한 꽃 내음을 맡으며 하나님의 은혜를 새삼 느낀다.

1-2행은 주님께서 가까이 계실 때 영적 봄날(springtime)이 도래한다는 사실을 알려 준다. 이것이 가능한 이유는 그분이 바로 생명의 원천이기 때문이다. 'springtime'(봄, 봄날)은 생명과 활력, 희망과 소생을 암시한다. 이 시어는 제2연에 등장하는 '나의 왕'이란 표현과 조화를 이룬다. 솔로몬은 왕의 메시아적 통치와 관련해, 왕의 통치가 초원 위에 내리는 '봄비'처럼 온 땅을 새롭게 한다고 노래한다(시 72:6, NLT).

은혜의 꽃이 피고 평화의 비둘기가 노래하는 광경(3-4행)은 아가서 2:12에 나타난 전경을 상기시킨다.

> 꽃 피고 새들 노래하는 계절이 이 땅에 돌아왔소. 비둘기 우는 소리, 우리 땅에 들리오
> (아 2:12, 새번역).

아가서의 이 구절은 겨울의 춥고 암울했던 시기, 즉 고통의 시기가 지나고 새로운 시절이 왔음을 알려 준다. 마찬가지로 시인도 육체적 질병에서 점차 회복되며 치유하시는 하나님의 손길을 경험한다.

제2연에서 예수님을 "왕"으로 묘사했던 화자는 이제 그분을 "주님"(the Lord)이라 칭한다. 이는 그분이 단순히 자신을 다스리는 차원을 넘어서서 생명의 주인임을 인정하는 고백이다. 그분이 없으면 한순간도 살아갈 수 없음을 확언한다.

제4연은 지금 우리에게 많은 복을 주시고 앞으로도 주실 하나님을 언급한다. 그분이 주신 복으로 인해 기쁨과 소망, 찬양과 사랑이 넘친다고 이야기한다. 한국 찬송가는 희락과 소망만을 말하는데, 영시는 여기에 찬양과 사랑을 추가한다. 이렇게 보면 마지막 연은 제1-3연의 내용을 종합한다. 작시 배경에서 보았듯이 시인의 답답한 상황을 생각하면 감사와 찬양보다는 원망이 나올 수밖에 없다.

그런데 그녀가 소망을 갖고 하나님을 찬양한다는 사실이 놀랍지 않은가!

3-4행은 우리에게 복 주기를 기뻐하시는 하나님의 성품을 강조한다. 여기서 화자의 영적 시선이 '천상'(above)의 세계로 향한다. 제1-3연이 현실에서 느끼는 하나님의 은혜를 노래했다면, 마지막 연은 하나님이 계신 곳을 바라보는 화자의 모습을 제시한다. 'above'는 하늘나라를 뜻한다. 골로새서 3:1은 우리에게 '위의 것'(the things above)을 찾으라고 촉구하며, 거기에는 풍성한 보화와 기쁨이 쌓여 있다고 단언한다(TLB).

후반부에 나타난 하나님의 이미지는 구약성경 역대하 16:9에 묘사된 하나님을 상기시킨다. 여호와께서는 온 땅을 두루 살피며 전심으로 자기를 의지하는 자를 찾아 '적극적으로 지원하는' 분이시다(NASB).

- 일상에서 주어지는 축복에 대해 얼마나 감사하는가?
- 지금 당신의 영혼은 어느 계절인가?

[영미시로 경험하는 찬송가 5]

이 몸의 소망 무언가

(찬송가 488장, The Solid Rock)
― 압도적 위기를 견디게 하는 튼튼한 닻

<제1연>
내 소망은 세워져 있네, 바로
예수의 피와 의 위에.
나 감히 가장 달콤한 구조물에 의지하지 않고
오직 전적으로 예수의 이름을 의지하네.

My hope is built on nothing less
Than Jesus' blood and righteousness.
I dare not trust the sweetest frame,
But wholly trust in Jesus' name.

<후렴>
굳건한 반석이신 그리스도 위에 나는 서 있네.
다른 모든 지반은 함몰하는 모래라,

다른 모든 지반은 함몰하는 모래라.

On Christ the solid rock I stand,
All other ground is sinking sand;
All other ground is sinking sand.

<제2연>

어둠이 그의 얼굴을 가리는 것처럼 보일 때에도
나는 그의 변치 않는 은혜를 의지하네.
거센 폭풍우와 강풍이 몰아칠 때마다
나의 닻은 그 휘장 안에 튼튼하네.

When darkness seems to hide His face,
I rest on His unchanging grace.
In every high and stormy gale,
My anchor holds within the veil.

<제3연>

그의 맹세, 그의 약속, 그의 보혈,
압도하는 홍수 속에서도 날 붙드시네.
내 영혼의 주변 모든 것이 무너져 내릴 때
그때도 그는 내 모든 소망이요 지주가 되리.

His oath, His covenant, His blood,
Support me in the whelming flood.
When all around my soul gives way,

He then is all my hope and stay.

<제4연>
그가 나팔 소리와 함께 오실 때
오, 그때 내가 그 안에서 발견되게 하소서.
오직 그의 의로 옷 입고
그 보좌 앞에 흠 없이 서리.

When He shall come with trumpet sound,
Oh may I then in Him be found.
Dressed in His righteousness alone,
Faultless to stand before the throne.

[작품 배경]

이 시는 에드워드 모우트(Edward Mote, 1797~1874)가 1834년에 썼다. 그는 영국 런던에서 선술집을 경영하는 부모님 슬하에서 출생했으며, 어려서부터 하나님을 모르는 방탕한 생활을 했다. 그런 환경에서도 손재주가 뛰어나 캐비닛 공장에서 일하던 중, 16세 때 존 하이어트 목사의 설교를 듣고 회심했다. 모우트는 자신의 가구점을 차려 운영하다가, 후에 침례교 목사가 되어 세상을 떠날 때까지 26년 동안 목회했다.

이 시는 그가 가구점을 차렸던 1834년에 쓰였다. 어느 날 아침, 가구점 뒤에 있는 작은 언덕을 올라갈 때 "굳건한 반석이신 그리스도 위에 나 서리니, 다른 모든 지반은 함몰하는 모래라"는 시구가 떠올랐다(Bonner, 68). 그는 즉시 집으로 돌아와 네 연으로 된 시를 적었다.

그 다음 주일에 '킹'이란 형제를 만났다. 킹은 모우트에게 아내가 매우 아프니 잠깐 들러 달라고 부탁했다. 그 친구는 방문한 모우트에게 아내를 위해 찬송가를 하나 불러 주고 기도해 달라고 요청했다. 그런데 막상 찬송가를 찾으려니 눈에 띄지 않았다. 모우트는 자신이 찬송시를 적어 놓은 것이 있는데, 그것을 들려줘도 괜찮겠느냐고 물었다. 그는 허락을 받아 자신이 써 두었던 시를 들려주었고 이들 부부는 굉장히 기뻐했다. 그 후 그는 집에 돌아와 두 연을 첨가해 시를 완성했다(Reynolds 1964, 129).

이 시는 원래 여섯 연으로 구성되었는데, 원시의 제1-2연이 합쳐지고 제5연이 누락되어 지금의 형태가 되었다. 내용을 살펴보면 예수님의 피와 의가 우리의 굳건한 반석이 된다는 사실을 선포하는데, 성경적 이미지로 가득 차 있다. 한국 찬송가의 가사로는 이러한 성경적 암시를 찾아보기가 어렵다.

이 시는 1-2행, 3-4행이 각운을 이루며, 인접한 두 행이 짝을 이루는 '이행 연구'(couplet) 형식을 취한다. 시상의 흐름을 보면 시간순으로 진행된다. 제1연은 전제라고 할 수 있는데, 그리스도만이 유일한 기초임을 알려 준다. 제2-3연은 그리스도를 소망의 기초로 삼고 살아가는 신앙인의 다양한 상황을, 마지막 연은 그리스도가 재림하시는 장면을 묘사한다. 또 어떤 측면에서 보면 제1연에서 언급한 그리스도의 의와 피가 어떻게 우리를 지켜 주는지 구체적인 예를 통해 입증한다고 볼 수도 있다.

[작품 해설]

제1연은 이 세상의 달콤한 구조물과 예수님의 이름을 대조하며, 예수님의 피와 의가 유일한 기초임을 분명히 한다. 한국 찬송가의 1절은 원문보다 내용이 많이 축소되었고, 이 시의 핵심어인 '예수님의 의'와 '피'에 대해 언급하지도 않는다.

화자는 1-2행에서 건축 이미지(build)를 사용해 마태복음 7:24-27에 나오는 지혜로운 사람과 어리석은 사람의 대조적인 모습을 보여 주며, 기초가 되는 반석이 무엇인지 구체적으로 알려 준다. 마태복음의 두 건축자 이야기는 후렴과 제3연에서도 암시되어 있다.

여기서 아주 기발한 시적 기교를 발견할 수 있다. 'nothing less than'은 '바로 ~이다'의 뜻을 지닌 숙어다. 따라서 항상 붙어 있어야 한다. 하지만 여기서는 행갈이에 의해 두 행에 걸쳐 있다. 1행과 같은 행을 영시에서 '행말무종지행'(run-on line)이라 부른다. 원래 시에서 한 행이 끝나면 잠시 휴지(休止)를 갖는다. 그런데 1행을 읽은 독자는 쉬지 못하고 바로 2행으로 넘어가야 한다. 하나의 숙어를 중간에서 끊을 수 없기 때문이다. 시인은 이런 기교를 통해 1-2행을 밀착해 연결시킨다. 자신의 소망이 예수님의 의와 피 위에 '확고하게' 세워져 있음을 시각적으로 보여 준다.

3행의 "가장 달콤한 구조물"은 이 세상에서 우리를 유혹하는 향락과 부귀영화를 암시한다. '달콤한'이란 시어는 이 구조물이 사람들에게 얼마나 매력적으로 보이고 많은 사람을 끌어들이는지를 함축한다. 특히, 시인의 성장 배경을 알면 이 표현은 더 절실하게 다가온다. 작시자의 부모가 선술집을 경영했고, 시인이 그런 환경에서 그리스도를 영접할 때까지 방탕한 생활을 했었다는 점을 고려하면 말이다.

이 구절과 4행의 "예수님의 이름"이 절묘한 대조를 보이며 각운을 이룬다. 마치 어리석은 사람이 지은 모래 위의 집과 지혜로운 사람이 지은 반석 위의 집을 그림으로 보여 주는 듯하다. 한국 찬송가에는 3행의 의미가 드러나 있지 않다.

후렴은 반석 위에 세운 집과 모래 위에 세운 집의 결말을 시청각적으로 보여 준다. 반석 위에 지은 집이 든든하게 서 있다면, 모래 위에 지은 집은 서서히 가라앉는다. 시인은 2-3행에서 동일한 문장을 두 번 반복해 모래 위에 지은 집이 무너지는 처참한 광경을 부각한다. 한국 찬송가에는 2-3행의 내용이 전혀 없다.

1행의 'solid'(단단한, 견고한)는 알맹이가 꽉 차서 내부가 조금도 비어 있지 않은 상태를 강조한다. 반석의 이러한 특징은 겉만 번지르르한 바리새인과 서기관들의 위선과 극명한 대비를 이룬다(마 23:27).

그리스도인 역시 반석의 이런 특성을 닮아야 하지 않겠는가?

'반석 위에 서 있는 사람'은 말씀을 듣고 실천하는 자이며, 집을 지을 수 있는 유일한 기초는 예수 그리스도밖에 없다(고전 3:11).

2행은 모래 위에 지은 집이 소리를 내며 서서히 가라앉는 장면을 시각화한다. 'sink'는 통제가 불가능한 상태에서 천천히 가라앉는 것을 의미한다. 여기서 'sinking'과 'sand'가 자음운(s)을 이루며 시야에서 사라지는 상황을 형상화한다. 특히, 's'가 마찰음(스침소리)이라는 점을 고려하면, 이 발음은 집이 가라앉으며 내는 소리를 그대로 들려주는 듯한 효과를 낸다.

번역시에서 어떻게 이런 묘미를 느낄 수 있겠는가?

2-3행은 1행과도 좋은 대조를 보인다. 1행 역시 자음운 's'(solid, stand)를 사용하기 때문이다. 시인은 이러한 문학적 기교를 통해 두 장면을 나란히 배치해 독자들에게 선택할 것을 촉구한다.

제2연은 어려움과 위험이 닥쳐올 때 우리를 든든히 지켜 주시는 하나님을 찬양한다. 때로 어둠이 주님의 얼굴을 가리는 것처럼 "보일 때에도"(seems), 그분의 변치 않는 은혜를 의지하겠다고 다짐한다. 1행에서 'seems'가 사용된 것은 실제로 어둠이 하나님의 얼굴을 가릴 수 없음을 강조한다. 얼굴 이미지는 하나님의 관찰과 보호를 상징하며 그분의 은혜와 인자하심을 돋보이게 한다. 1행은 찬송가에 따라 "darkness veils his lovely face"(어둠이 그의 사랑스런 얼굴을 가려도)로 되어 있는 경우도 있다.

3-4행은 우리에게 닥쳐오는 엄청난 유혹과 시련 속에서도 우리를 지켜 주는 영혼의 닻에 관해 이야기한다. 3행은 시청각적 언어를 사용해 심각한 위기 상황을 보여 준다. 'gale'은 아주 강한 바람이다. 그런데 여기에 'high'(강한)와 'stormy'(폭풍우 같은)란 수식어가 붙어 있다. 더욱이 'every'는 반복해서 몰아치는 장면을 함축한다. 하지만 그러한 순간에도 우리는 안전하다. 우리의 닻이 절대자 하나님께 고정되어 있기 때문이다.

4행은 히브리서 6:19을 상기시킨다. 따라서 히브리서의 구절을 이해하지 못하면 오해할 수밖에 없다.

> 우리가 이 '소망'(hope)을 가지고 있는 것은 영혼의 '닻'(anchor) 같아서 튼튼하고 견고하여 '휘장 안에'(within the veil) 들어가나니(히 6:19).

이 시에 사용된 핵심어가 히브리서의 구절에 그대로 등장한다. 여기서의 '소망'은 예수님을 통해 그리스도인에게 주어진 하나님의 선물로서 지금까지 이루어져 왔고 또 앞으로 주어질 영생에 대한 소망이다(고영민 2015, 1709). "그 휘장"(the veil)은 성전에서 성소와 지성소를 구별하는 휘장을 의미한다. 예수님은 우리보다 앞서 들어가서 십자가 희생을 통해 하나님께 나아가는 길을 여셨다. 우리보다 앞서 가신 예수님은 그리스도인들이 그를 따라 하나님의 존전에 나아오기를 기대하신다(Barton 2002, 158).

시의 화자는 우리의 소망이 닻과 같아서, 성소와 지성소를 구별하는 휘장 안으로 들어가 그 거룩한 장소에 계신 하나님께 고정된다고 선언한다(4행). 이렇게 되면 하나님이 소망의 근거가 되기에 그리스도인은 어떤 상황에서도 흔들리지 않는다. 4행의 의미는 한국 찬송가에 나타나 있지 않다.

제3연은 제2연보다 더 심각한 위기 상황을 묘사하며, 우리 영혼의 닻이 어디에 고정되어 있는지 구체적으로 보여 준다. 하나님의 맹세와 약속 그리고 보혈이 그리스도인을 강하게 붙잡고 있음을 알려 준다. 한국 찬송가는 "언약"만을 언급하는데, 원문은 훨씬 구체적이며 강한 표현을 사용한다. 특히, 1행에 "그의"(His)라는 소유격이 세 번이나 연속해서 등장하는데, 이는 하나님의 능력만이 유일한 버팀목임을 실감나게 한다.

1행에 있는 "그의 맹세"(oath), "그의 약속"(covenant), "그의 보혈"(blood)이란 표현은 히브리서 6:17-18과 20절을 반영한다. 히브리서 저자는 하나님께서 우리에게 주신 소망이 확실하다는 것을 보여 주기 위해 "약속"과 "맹세"로 보증하셨다고 확언한다. 예수님께서 인류의 죄를 단번에 속하는 온전한 제사를 드림으로써 영원한 대제사장이 되셨다고 말한다.

"약속"은 공식적으로 문서화된 엄숙한 계약을 뜻하며, 이는 성경에 기록된 변치 않는 약속을 가리킨다. 'whelming'(2행)은 엄청난 힘으로 압도해 완전히 무기력하게 만드는 상황을 뜻한다.

우리 주위의 모든 것이 무너져 내릴 때, 강한 물살에 휩쓸리지 않는 비결은 하나님의 말씀을 붙잡는 방법밖에 없다. 3행의 묘사는 모래 위에 지은 집이 창수가 나고 바람이 불 때 심하게 무너져 내리는 끔찍한 장면(마 7:27)과 일치한다. 1-2행의 'blood'와 'flood', 3-4행의 'way'와 'stay'가 각운을 이룬다. 이러한 기교는 하나님의 절대적인 능력과 이 세상의 허무함을 잘 대조한다.

마지막 연은 그리스도께서 재림하실 때 그 앞에 떳떳하게 서고 싶은 시인의 심정을 토로한다. 시청각적 이미지를 활용해 재림하시는 장엄한 광경과 보좌 앞에 늘어선 성도들의 모습을 시각화한다.

트럼펫 소리와 함께 주님께서 재림하시는 장면은 데살로니가전서 4:16을 떠올리게 한다. "호령과 천사장의 소리와 하나님의 나팔 소리로 친히 하늘로부터 강림"하시는 장엄한 광경 말이다. 2행은 감탄사(Oh)를 사용해 재림을 고대하는 벅찬 감정을 표출하며, 'may'를 통해 일종의 기원(祈願) 형태가 되게 한다.

3-4행은 요한계시록 19:8-9을 반영한다. 빛나고 깨끗한 세마포 옷을 입고 어린양의 혼인 잔치에 참여한 성도들의 이미지를 제시한다. 이 세마포 옷은 그리스도의 피로 구속받은 사람들의 옳은 행실이다.

그렇지만 여기서의 '옳은 행실'은 성도들이 의로운 행위로 구원을 받았다거나, 그들 자신의 힘으로 옳은 일을 했다는 의미가 아니다. 오히려 그들의 의로운 행위가 하나님의 은혜와 그리스도의 의에 기초한 것임을 시사한다. 그러기에 시의 화자는 "오직 그(그리스도)의 의로 옷 입고"(3행) 토좌 앞에 당당히 서겠다고(4행) 다짐한다. '의의 겉옷'을 입혀 주는 행위는 이사야 61:10 후반부를 상기시킨다.

> … 이는 그가 구원의 옷을 나게 입히시며 공의의 겉옷을 내게 더하심이 신랑이 사모를 쓰며 신부가 자기 보석으로 단장함 같게 하셨음이라(사 61:10).

🌿 당신이 돈을 벌고 꿈을 성취하려는 궁극적 이유는 무엇인가?
🌿 지금 당신 영혼의 닻은 어디에 고정되어 있는가?

[영미시로 경험하는 찬송가 6]

주의 친절한 팔에 안기세

(찬송가 405장, Leaning on the Everlasting Arms)
― 아내와 사별한 형제를 위로하며

<제1연>
그 영원하신 팔에 의지하는 것
얼마나 멋진 교제이며, 거룩한 기쁨인가!
영원하신 팔에 의지하는 것
얼마나 복되며, 얼마나 좋은 평안인가!

What a fellowship, what a joy divine,
Leaning on the everlasting arms;
What a blessedness, what a peace is mine,
Leaning on the everlasting arms.

<후렴>
의지하고 의지하니
모든 위험으로부터 보호 받아 안전하네,

의지하고 의지하네
그 영원하신 팔을 의지하네.

Leaning, leaning,
Safe and secure from all alarms;
Leaning, leaning,
Leaning on the everlasting arms.

<제2연>
그 영원하신 팔을 의지하며
순례자의 길을 걷는 것, 오 얼마나 달콤한가!
영원하신 팔에 의지하니
오, 그 좁은 길이 나날이 더 밝아지네!

O how sweet to walk in this pilgrim way,
Leaning on the everlasting arms;
O how bright the path grows from day to day,
Leaning on the everlasting arms.

<제3연>
영원하신 팔을 의지하니
내가 무엇을 두려워하며, 무엇을 무서워하랴?
주님이 이렇게 가까이 계시니, 내가 복된 평안을 누리며
그 영원하신 팔을 의지하네.

What have I to dread, what have I to fear,
Leaning on the everlasting arms?
I have blessed peace with my Lord so near,
Leaning on the everlasting arms.

[작품 배경]

1887년에 쓰인 이 시는 이 곡의 작곡자이자 후렴 작시자인 안소니 쇼왈터와, 제1-3연의 작시자인 엘리샤 호프만의 합작품이다. 안소니 쇼왈터(Anthony J. Showalter, 1858~1924)는 미국 버지니아주 체리 그로브에서 출생해 평생 오르간 연주자, 복음성가 작곡자, 작가, 교사, 편집자, 출판인으로 활동했다.

음악 교사였던 자신의 부친으로부터 많은 교육을 받았고, 1876년에는 음악 학교에 다녔다. 22세 때는 음악 학교 교사로 근무했다. 130권이 넘는 음악 관련 책을 출간했으며 음악 학교 교장을 역임했다.

제1-3연의 작시자인 엘리샤 호프만(Elisha Hoffman, 1839~1929) 목사는 미국 펜실베이니아주 오윅스버그에서 출생했다. 그는 펜실베이니아에 있는 유니온신학교를 졸업한 후 1868년에 목사가 되어 오하이오, 미시간, 일리노이주에서 목회했다.

1887년 어느 날, 안소니 쇼왈터는 자신이 전에 가르쳤던 두 졸업생으로부터 두 통의 편지를 받았다. 두 통 모두 거의 같은 시간에 부인과 사별했다는 내용이었다. 그는 이들을 위로하기 위해 적절한 성경 구절을 찾아 적고 유감의 뜻을 전하며 편지를 보냈다. 그 구절은 신명기 33:27이었다.

영원하신 하나님이 네 처소가 되시니 그의 영원하신 팔이 네 아래에 있도다 … (신 33:27).

쇼왈터는 이 신명기 말씀과 관련해 찬송가를 쓰고 싶었다. 그런데 시의 후렴과 멜로디밖에 떠 오르지 않았다. 그는 이 후렴과 곡을 동료인 엘리샤 호프만 목사에게 보내 작시 배경을 설명한 후 시의 앞부분을 채워 달라고 부탁했다. 이렇게 하여 이 작품이 탄생했다(Bonner, 135).

이 시는 '하나님의 영원하신 팔'을 계속 반복하며 그 팔에 의지할 것을 강하게 호소한다. 이는 극한 슬픔을 당한 두 형제에게 하나님의 보호를 확신시켜 주기 위함이다. 시상의 흐름을 살펴보면 하나님과 교제하며 영원하신 팔에 의지할 때 나타나는 놀라운 결과를 언급한다. 그 기쁨이 얼마나 큰지 갈수록 감탄의 정도가 심화된다.

제1연은 감탄사(what)를 사용하고, 제2연은 감탄사(how)에 또 하나의 감탄사(O)를 첨가한다. 제3연은 의문문의 형식을 취해 하나님께 대한 강한 확신을 표현한다. 각운 패턴을 보면 각 연에서 1행과 3행이 운을 이루며, 2행과 4행은 동일한 구절을 반복해 마치 후렴과 같은 역할을 하게 한다.

[작품 해설]

제1연은 아내와 사별하고 슬픔에 잠겨 있는 형제들에게 든든한 버팀목인 하나님의 영원하신 팔을 소개한다. 한국 찬송가에는 나타나 있지 않지만, 영시는 1행에서 'fellowship'(교제, 사귐)이란 단어를 사용한다. 이 단어는 시의 전체적인 내용을 지배한다. 'fellowship'은 친구로서 같이 공유하고 '어떤 일을 함께하는 상황'을 암시한다.

1행은 고린도전서 1:9과 요한1서 1:3을 반영한다. '교제'에 해당하는 헬라어 '코이노니아'는 '교제', '사귐', '공동체', '친밀함'을 뜻한다. 이것이 중요한 이유는 다음과 같다.

첫째, 하나님께서 우리를 택하신 목적이 그리스도와 더불어 교제하도록 하기 위함이기 때문이다.
둘째, 교회 공동체 형제들과 교제하도록 하기 위함이기 때문이다.

그리스도인이 예수님, 또 하나님과 친밀한 관계를 유지한다는 점에서 이 교제는 '거룩한 기쁨'(joy divine)을 우리에게 선사한다.

2행과 4행은 동일한 구절을 사용해 하나님의 팔에 의지하라고 거듭 권면한다. 'lean'(의지하다)은 몸을 완전히 기댄 채 쉬는 행위를 뜻한다. 작시 배경에서 언급했듯이 "영원하신 팔"이란 표현은 신명기 33:27에서 인용한 것이다. 이 표현은 성경 전체에서 딱 한 번 여기에 등장한다. 모세는 세상을 떠나기 직전 이스라엘 12지파에게 축복하는데, 아셀 지파를 축복하며 이 표현을 사용한다. 하나님의 영원하신 팔이 항상 그들을 떠받쳐 줄 것이라고 이야기한다(VOICE).

이와 동일한 이미지가 신명기 33:12에도 등장한다. 모세는 베냐민 지파를 축복하며 그들이 여호와의 "어깨 사이에" 거하게 된다고 말한다. 이 표현 역시 '하나님의 품에서 쉬는 것'을 의미한다(NIRV). 제1연에서 'divine'(1행)과 'mine'(3행)이 각운을 이룬다. 이는 하나님과의 거룩한 교제를 통해 기쁨과 축복 그리고 마음의 평안을 누리는 시인의 확신을 시각화한다.

후렴은 하나님의 팔이 얼마나 든든한지 시각적 이미지를 활용해 보여 준다. 모든 위험으로부터 보호 받아 안전하게 된다고 주장한다. 시인은 짧은 후렴의 네 행에서 '의지하다'라는 시어를 무려 다섯 번이나 사용한다.

2행의 'secure'(안전한)는 위험 따위를 걱정할 필요가 조금도 없음을 강조한다. 'safe'보다 더 강한 의미이며 난공불락을 함축한다. 'alarm'(놀람, 비상사태)은 갑자기 다가오는 불안이나 걱정을 뜻한다. 하나님의 팔은 마치 튼튼한 요새(要塞)와 같아서 어떤 위험이나 공격도 침범하지 못한다. 그러기에 이 세상의 어떠한 것도 우리를 그분의 사랑에서 떼어 놓지 못한다(롬 8:39). 2행은 자음운 's'(safe, secure)를 사용해 하나님의 팔이 얼마나 안전한지 시각적으로 보여 준다.

신약성경에서 실제로 예수님의 '품에 기대어 누워 있었던'(leaning on Jesus' bosom) 사람이 있었다(요 13:23, NKJV). 그는 바로 예수님이 사랑하셨던 제자인데, 대부분의 신학자들은 그가 요한복음의 저자인 요한이라고 추측한다(MacArthur, 1402). 이 장면을 상상하며 매일매일 하나님께 모든 걱정을 맡겨 보라.

제2연은 하나님의 팔에 의지할 때 순례자의 길이 달콤하게 느껴지고, 믿음의 길이 더 밝아진다고 단언한다. 제2연은 제1연보다 감탄의 정도가 더 세진다. 감탄사가 이중으로(O, how) 사용된다. 1행은 그리스도인을 '순례자'(pilgrim)에 비유한다. 'pilgrim'은 종교적 목적을 가지고 거룩한 곳을 향해 먼 길을 여행하는 신앙인을 가리킨다. 시편 84:5은 '예루살렘으로 향하는 순례의 길'에 관심을 갖고 있는 이들에게 복이 있다고 노래한다(NLT).

3행의 'path'는 좁고 긴 길을 뜻한다. 'pilgrim'과 'path'란 시어는 그리스도인의 삶이 결코 쉽지 않음을 암시한다. 그 길은 아주 좁고 오랜 기간을 요한다. 한국 찬송가의 2절은 "천성 가는 길 편히 가리니"로 되어 있는데, 이는 영시의 의미를 제대로 살리지 못한다. 신학적으로도 문제가 될 수 있다. 원문은 천국 가는 좁은 길이 나날이 더욱 또렷하게 보인다는 의미다. 천국 가는 길은 결코 편한 길이 아니다. 아주 어렵고 힘든 십자가의 길이다. 하지만 그 길이 '달콤하게'(sweet) 느껴지는 이유는 하나님의 팔이 우리를 감싸고 있기 때문이다.

'좁은 길'(path) 앞에 정관사(the)가 있다는 사실에 유의해야 한다. 이 내용은 마태복음 7:14과 시편 16:11을 시사한다. 예수님은 생명에 이르는 길이 "협착하여" 찾는 이가 적다고 하셨는데, 이는 많은 어려움이 있음을 함축한다(GW). 시편은 이 길을 "생명의 길"로 표현하는데, 영어성경은 이를 "거룩한 삶에 이르는 길"(NCV), "아름다운 삶에 이르는 길"(VOICE)로 번역한다.

앞에서 하나님의 팔이 수행하는 역할을 보여 준 시인은 제3연을 통해 굉장히 강한 어조로 우리를 지켜 주시는 하나님을 찬양한다. 그분을 의지하면 이 세상에 두려울 것이 아무것도 없다고 확언한다. 1행의 'dread'(매우 두려워하다)는 일어날지 모르는 일에 대해 끊임없이 두려워하며 걱정하는 상황을 뜻하는데, 'fear'(두려워하다)보다 의미가 더 강하다.

1행에서 두 번 반복된 'have to'가 독특한 뉘앙스를 던져 준다. 이는 화자가 느끼는 의무가 아니라, 명령이나 환경 측면에서의 의무를 암시한다. 따라서 주위 사람들이 볼 때는 분명히 두려워해야 할 형편인데, 정작 그리스도인은 두려워하지 않고 대담하게 살아간다는 뜻이 내포되어 있다. 아마 주위 사람들은 굉장히 궁금하게 여길 것이다. 그 비결은 주님의 강한 팔이 우리를 붙드시기 때문이다(2행).

1행은 시편 27:1에 있는 다윗의 질문을 거의 그대로 끌어온다.

> 여호와는 나의 빛이요 나의 구원이시니 내가 누구를 두려워하리요 여호와는 내 생명의 능력이시니 내가 누구를 무서워하리요(시 27:1).

다윗은 비록 군대가 자신을 대적하고 전쟁이 일어나 치려고 할지라도 태연히 있겠다고 장담한다(시 27:3).

얼마나 용감하고 도전적인 자세인가!

한국 찬송가의 가사는 이런 성경적 뉘앙스를 찾아볼 수 없게 만든다.

3행의 '이처럼 가깝게'(so near)라는 표현은 시인이 하나님의 임재와 결정적 도우심을 직접 체험했음을 암시한다. 가까이 계시는 하나님으로 인해 복된 평안을 누리고 있다는 사실을 알려 준다. 시편 저자는 주님께서 우리와 '함께 계시기' 때문에, 이 세상의 어떤 사람도 우리에게 해를 끼치지 못한다고 선언한다(118:6, ERV). 1행의 'fear'와 3행의 'near'가 각운을 이루는데, 이는 하나님의 능력이 두려움을 몰아내는 장면을 상징적으로 보여 준다.

🌿 삶의 현장에서 '그 좁은 길'을 따라가는가?
🌿 어떤 영역에서 하나님의 영원하신 팔을 느낄 필요가 있는가?

[영미시로 경험하는 찬송가 7]

갈보리산 위에

(찬송가 150장, The Old Rugged Cross)
— 영적 시련기에 탄생한 낡은 십자가

<제1연>
저 먼 언덕 위에 낡고 험한 십자가가 서 있네,
고통과 수치의 표상이라.
길 잃은 죄인들을 위해 가장 귀하고 선한 분이
살해당하신, 그 낡은 십자가를 나는 사랑하노라.

On a hill far away stood an old rugged cross,
The emblem of suffering and shame;
And I love that old cross where the dearest and best
For a world of lost sinners was slain.

<후렴>
그러기에 낡고 험한 십자가를 소중히 여기리라,
마침내 내 트로피들을 내려놓을 때까지.

그 낡고 험한 십자가를 붙들고 있다가
언젠가 그것을 면류관과 바꾸리라.

So I'll cherish the old rugged cross,
Till my trophies at last I lay down;
I will cling to the old rugged cross,
And exchange it some day for a crown.

<제2연>
오, 낡고 험한 십자가, 세상 사람들이 그토록 멸시했으나
내겐 놀라운 매력이 있네.
하나님의 귀한 어린양이 그의 하늘 영광을 버리고
그것을 지고 어드운 갈브리로 가셨기 때문이라.

O that old rugged cross, so despised by the world,
Has a wondrous attraction for me;
For the dear Lamb of God left His glory above
To bear it to dark Calvary.

<제3연>
그처럼 거룩한 피로 물든 낡고 험한 십자가
내겐 놀라울 정도로 아름답게 보이네.
바로 그 십자가에서 예수께서 고통당하고 죽었기 때문이라,
내 죄를 용서하고 날 성화시키시기 위해.

In that old rugged cross, stained with blood so divine,
A wondrous beauty I see,
For 'twas on that old cross Jesus suffered and died,
To pardon and sanctify me.

<제4연>

그 낡고 험한 십자가에 나는 늘 진실하리라,
그 수치와 치욕을 기쁘게 참으며.
그리고 언젠가 그가 나를 먼 내 집으로 부르시리니
그곳에서 그의 영광을 영원히 함께 나누리라.

To the old rugged cross I will ever be true;
Its shame and reproach gladly bear;
Then He'll call me some day to my home far away,
Where His glory forever I'll share.

[작품 배경]

이 시는 조지 버나드(George Bennard, 1873~1958) 목사가 1913년에 썼다. 곡도 그가 직접 붙였다. 그는 미국 오하이오주 영스타운에서 출생했다. 버나드가 어렸을 때 그의 가족은 아이오와주 알비아, 또 루카스로 이사했으며 그곳에서 예수님을 영접했다.

그는 원래 복음 전도자가 되려고 했다. 그러나 16세 때 부친이 세상을 떠나자 어머니와 누이들의 생계를 책임져야 했다. 결혼한 후에는 아내와 함께 일리노이주에 있는 구세군교회에서 사역했으며, 8년 후에 감리교 감독 교회 목사가 되어 미국과 캐나다에서 복음을 전했다. 버나드 목사는 생애 마지막 몇 년을 미시간주 리드 시에서 보냈는데, 시의 상공회의소가 그의 집 근처에 큰 나무 십자가를 세워 주었다. 그 시에 있는 '낡고 험한 십자가 박물관'은 그의 이 시를 기념한 것이다(Cyber Hymnal).

시인은 복음 전도자로 일할 때 영적 시련기를 거치며 십자가와 그리스도의 고난에 동참한다는 것이 어떤 의미인지 깊이 묵상했다. 그러던 어느 날, 요한복음 3:16을 읽고 있는데 마치 아이맥스 3D 영화처럼 성경에서 십자가가 입체로 불쑥 튀어나왔다. 그 십자가는 아주 낡고 험했다. 버나드 목사는 이런 신비한 경험을 바탕으로 시의 제목을 잡고 곡을 썼다(김남수, 51).

이 체험은 그로 하여금 십자가가 단순한 종교적 상징이 아닌, 복음의 핵심임을 깨닫게 했다. 아마 그의 영적 시련과 간절한 기도가 없었다면 이 시는 탄생할 수 없었을 것이다. 작시 배경에 대해 시인은 후에 이런 말을 남겼다(Osbeck 1982, 255).

> 1913년 어느 날, 내가 미시간주 알비온에 있을 때 문득 영감이 떠올라 이 찬송가를 쓰기 시작했다. 나는 먼저 곡을 썼다. 하지만 시는 쉽게 마무리할 수 없었다. 이 시의 내용은 나 자신의 절실한 기도에 대한 응답으로 주어졌다.

이 시는 낡고 험한 십자가가 시인에게 어떤 의미가 있는지 설명한다. 제1연은 고통과 수치의 표상인 십자가를 왜 사랑하게 되었는지 알려 준다. 제2연은 세상 사람들이 멸시하는 십자가가 왜 놀라운 매력을 지니는지, 제3연은 어떻게 아름답게 보이는지를 들려준다. 제4연은 천국에 갈 그날을 상상하며 마지막 순간까지 십자가 앞에서 늘 부끄럽지 않게 살겠다고 다짐한다. 전치적으로 아이러니를 활용해 세상의 가치관과 그리스도인의 가치관이 어떻게 다른가를 시각적 이미지들을 통해 보여 준다.

[작품 해설]

제1연은 십자가가 우리에게 주는 전체적 의미를 간단히 소개한다.

첫째, 십자가가 고통과 수치의 표상이라고 말한다.
둘째, 가장 귀하고 선한 분이 길 잃은 세상 사람들을 위해 살해당하신 현장이라고 단언한다.

시인은 2행과 4행에서 자음운 's'(suffering, shame, sinner, slain)를 연달아 사용해 십자가가 주는 치욕의 의미를 강화한다.

1행은 먼 언덕 위에 우뚝 서 있는 "낡고 험한 십자가" 이미지를 제시한다. 화자는 십자가를 소개하며 "낡고"(old), "험한"(rugged)이란 수식어를 사용한다. 이 두 시어는 예수님이 구원하고자 하셨던 교만한 죄인들의 특징을 상징적으로 보여 준다. 'rugged'(울퉁불퉁한, 험한)에 해당하는 히브리어는 구약성경 이사야 40:4에 오직 한 번 등장한다. 이사야 선지자는 하나님이 인간의 모습으로 와서 죄 문제를 해결하실 것을 예언한다. '울퉁불퉁한 땅'(rugged ground)이 평지가 되듯이, 하나님께서 교만한 자를 낮추실 것이라고 선언한다(EXB).

"낡은"(old)이란 단어는 우리가 벗어 버려야 할, 썩어져 가는 '옛 사람'(old self)을 암시한다(엡 4:22). 이런 시각에서 보면 "낡고 험한 십자가"는 하나님의 사랑 표현이며 변화되어야 할 인간의 영적 실상을 보여 준다. 아울러 죄인에게 절대적으로 필요한 메시아의 존재를 알려 준다.

3-4행은 고통과 수치의 표상인 십자가를 왜 사랑할 수밖에 없는지 그 이유를 들려준다. 그것은 길 잃은 죄인들을 구원하기 위해 가장 귀하고 선한 분이 십자가에서 죽으셨기 때문이다. 화자는 예수님을 "가장 귀하고 선하신 분"으로 묘사한다. 이 표현은 '길 잃은 죄인', '고통', '수치'란 시어들과 극적인 대조를 이룬다.

"가장 귀하고 선하신 분"이란 표현은 빌립보서 2:6-7을 상기시킨다. 사도 바울은 예수님이 원래 하나님의 형상을 지녔지만, "하나님과 동등됨을 취할 것으로 여기지 아니하시고 오히려 자기를 비워 종의 형체를" 가지셨다고 역설한다. 3행 후반부의 내용은 한국 찬송가에 나타나 있지 않다.

'slay'(4행)는 폭력을 써서 죽이는 것을 의미한다. 우리는 자칫하면 십자가의 고통을 막연하게 느낄 수 있다. 하지만 1세기 고대 로마 시대의 십자가 처형을 생각하면 몸서리칠 수밖에 없다. 십자가형은 모든 형벌 중에서 가장 잔인하고 수치스러운 것이었다. 그래서 로마 시민은 제외되었고, 오직 반역자나 도망한 노예, 가장 천한 죄인에게만 적용되었다. 그분이 살해당하신 이유는 바로 '길 잃은 나'를 찾기 위함이다.

후렴은 인생을 경기에 비유한 후 십자가를 소중히 여기며 살겠다고 다짐한다. 마지막 순간까지 승리하는 삶을 살다가 천국에서 면류관을 받고 싶다는 소망을 피력한다. 'cherish'는 '소중히 여기다', '가슴에 간직하다'의 뜻인데, 굉장히 사랑하기에 관심을 가지고 오랫동안 간직하는 것을 암시한다. 고통과 수치의 표상인 십자가를 소중히 간직한다는 것은 세상의 관점에서 보면 분명 더불성설이다. 그러나 길 잃은 죄인들을 구원하기 위한 은혜의 상징으로 보면 그것이 가능하다.

한국 찬송가는 2행을 "최후 승리를 얻기까지"라고 번역하는데, 이는 영시의 의미를 제대로 전달하지 못한다. 화자는 "마침내 내 트로피들을 내려놓을 때까지"라고 이야기한다. 2행을 정상어순으로 하면 'till at last I lay down my trophies'가 되는데, 'down'과 'crown'이 각운을 이루게 하려고 어순을 재배열한 것이다. '트로피'(trophy)는 경주나 경쟁에서 승리한 사람에게 주어지는 상을 말한다. 그런데 여기서 '트로피'가 복수다. 따라서 이는 최후의 승리가 아니라, 살면서 수많은 승리를 경험했음을 시사한다.

얼마나 멋진 문학적 상상력인가!

그리스도인은 이 세상에서 무기력하게 살다가 마지막에 천국에 들어가는 사람들이 결코 아니다. 현세에서도 순간순간 승리하며 천국의 삶을 누리다가 최후에 영원한 천국에 들어간다.

3행의 'cling to'(달라붙다, 매달리다)는 아주 시각적인 이미지인데, 덩굴식물이 줄기로 감아 매달려 있는 상태를 뜻한다. 완전히 얽혀 밀착되어 있는 상황을 말한다. 화자는 이런 자세로 십자가를 붙들고 살다가 천국에 가서 십자가와 면류관을 바꾸겠다고 선언한다.

4행은 빌립보서 3:14을 상기시킨다. 바울은 목표를 향해 달려가는 자신의 신앙 여정을 경기에 비유한다. 그 목표가 그리스도 예수 안에서 하나님께서 위에서 부르신 '그 부름의 상'을 얻기 위한 것이라고 설명한다. 그 상은 바로 '썩지 않는 면류관'(고전 9:25), '의의 면류관'(딤후 4:8), '생명의 면류관'(약 1:12)이다.

여기서 시적 기교를 발견할 수 있다. 후렴은 제1-4연과는 다르게 1행과 3행, 2행과 4행이 각운을 이루며 전체가 하나로 엮여 있다. 이는 화자가 십자가를 굳건히 붙들고 있는 상태, 바꿔 말하면 십자가에 완전히 '매달려 있는' 장면을 시각화한다.

제2연은 세상 사람들로부터 멸시 받는 그 십자가가 어떻게 매력의 대상이 되었는지 알려 준다. 그것은 하나님의 어린양이 하늘 영광을 버리고 내려와 십자가를 지고 어두운 갈보리로 가셨기 때문이다.

제1연에서 십자가를 사랑한다고 고백했던 화자는 제2연에서 놀라운 매력을 느낀다고 토로하며 감탄한다. 1행은 제1연에 없던 감탄사(O)를 첨가한다. 'attraction'(매력)은 끌어당기는 힘인데, 사람의 마음속에 강렬한 찬미와 사랑을 불러일으키는 대상에 대해 쓰인다. 이는 요한복음 6:44과 일맥상통한다. 예수님은 자신을 영접하는 것과 관련해 하나님께서 '이끌지'(attract) 아니하시면 아무도 그분께 나아올 수 없다고 선언하신다(AMP). '이끌다'에 해당하는 헬라어는 불가항력적 힘으로 끌어당기는 것을 뜻한다. 우리가 십자가에 매력을 느끼는 것도 바로 이 이끄심이 작용하기 때문이다.

'매력'이란 단어는 '낡은'(old), '보기 흉한'(rugged), '경멸하다'(despise)란 시어들과 조금도 어울리지 않는다. 우리는 여기서 세상의 시각과 그리스도인의 관점이 얼마나 다른지 엿볼 수 있다. 바울은 십자가에 못 박히신 그리스도가 세상 사람에게는 어리석게 보이지만, 부르심을 받은 사람에게는 "하나님의 능력이요 하나님의 지혜"가 된다고 역설한다(고전 1:23-24). 세상 사람들은 승진하고 높아지기를 원한다. 그러나 주님은 십자가를 지고 갈보리로 가라고 명하신다.

3-4행은 그리스도의 비하(낮아지심)에 관해 언급한다. 하나님의 어린 양이 자신을 비우고 종의 형체를 취한 후 십자가를 지신 사건을 찬양한다. "하늘의 영광"과 "어두운 갈보리"는 아주 시각적이며 극명한 대조를 이룬다.

제3연은 예수님이 십자가에서 처형당하시는 장면을 시청각적 이미지를 활용해 생생하게 보여 준다. 십자가에서 거룩한 피가 흘러내리고, 고통당하는 신음 소리가 들리며, 마지막 절규와 함께 죽으시는 장면을 묘사한다. 3행은 'it ~ that' 강조 구문을 사용해 피로 찌든 십자가를 한 번 더 부각한다. 3행을 재정리하면 'For it was on that old cross (that) Jesus suffered and died'가 된다.

 2행의 '놀라운 아름다움' 역시 제2연 2행의 '놀라운 매력'과 마찬가지로 아이러니다.

 검붉은 피로 찌든 십자가, 그것도 최악의 처형 도구인 십자가가 놀랍도록 아름답게 보이다니 말이다!

 하나님의 이끄심이 없다면 어떻게 이런 감정을 가질 수 있겠는가?

 예수님은 제자들에게 자신이 "땅에서 들리면", 즉 십자가 대속을 통해 자신의 백성을 자기에게로 이끌 것이라고 말씀하셨다(요 12:32). 십자가가 그리스도인에게 아름답게 보이는 것 역시 하나님의 은혜 때문이다.

 4행의 'sanctify'(깨끗이 하다, 성화하다)는 날마다 조금씩 거룩해지는 것을 의미한다. 3-4행은 히브리서 10:10을 암시한다. 히브리서 저자는 예수님이 단 한 번에 자신의 몸을 희생 제물로 드림으로써 우리가 '성화되었다'고 주장한다(NRSV). 2행과 '성화'의 의미는 한국 찬송가에 나타나 있지 않다.

 마지막 연에서 시적 화자는 미래를 내다보며 자신의 각오를 보여 준다. 십자가 앞에서 늘(ever) 진실하고, 수치와 치욕을 기쁘게 참으며 인생을 완주한 후, 주님과 영원히 살겠다고 다짐한다. 'gladly'(기꺼이, 흔쾌히)는 행복감이 넘쳐흐르는 상태를 암시한다.

 진정한 그리스도인은 믿음을 지키기 위해 치욕을 견디는 수준에 만족하지 않는다. 오히려 그것을 기쁘게 여기며 하나님께 감사한다(2행). 이러한 자세는 복음을 전하다가 모욕을 당했을 때 사도들이 보여 준 태도와 일치한다. 사도들은 자신들이 예수님의 이름 때문에 '수치'(shame)를 당할 만큼 가치 있는 자로 여김을 받은 것에 대해 '기뻐하였다'(행 5:41, NASB). NIRV 역본은 사도들이 모욕을 당한 것을 '명예'(honor)로 여겼다고 번역한다. 2행의 'bear'와 4행의 'share'가 각운을 이룬다. 이는 십자가의 고난을 기쁘게 참고 승리한 성도만이 천국의 영광에 동참할 수 있다는 진리를 암시한다(마 16:24; 막 3:34).

 3-4행은 요한복음 14:2-3을 떠올리게 한다. 예수님께서 제자들에게 자신이 거처를 예비하러 갔다가 거처를 예비하면 다시 와서 제자들을 데려가겠다고 하신 약속 같이다. 돌론 요한복음의 구절은 예수님의 재림을 암시한다. 3행에서의 '부름'(call)은 일차적으로 개인 삶의 종말을 뜻하지만, 재림 시 있을 상황까지 염두에 둔 것으로 이해할 수 있다. 한국 찬송가는 "영광 중에 계신 우리 주와 함께 내가 죽도록 충성하리'라고 번역하는데, 내용이 상당히 어색하다. 영시의 1행과 4행이 뒤섞인 느낌을 준다.

- 매 순간 십자가를 붙들고 트로피를 쟁취하는 삶을 사는가?
- 당신이 가야 할 어두운 갈보리는 어디인가?

[영미시로 경험하는 찬송가 8]

내 기도하는 그 시간

(찬송가 364장, Sweet Hour of Prayer)
— 기도의 나래 위에 탄원을 싣고

<제1연>
달콤한 기도 시간이여! 달콤한 기도 시간이여!
근심의 세상에서 날 불러내어
내 아버지의 보좌에서 모든 필요와
소원을 아뢰도록 명하네.
고통과 슬픔의 시기에
내 영혼은 자주 위안을 얻었고
여러 차례 그 유혹자의 올무에서 벗어났도다,
네가 돌아옴으로 인해, 달콤한 기도 시간이여!

Sweet hour of prayer! sweet hour of prayer!
That calls me from a world of care,
And bids me at my Father's throne
Make all my wants and wishes known.

In seasons of distress and grief,
My soul has often found relief
And oft escaped the tempter's snare
By thy return, sweet hour of prayer!

<제2연>
달콤한 기도 시간이여! 달콤한 기도 시간이여!
네가 돌아오기를 갈망하는 영혼들이
열망하며 느끼는
기쁨과 환희를 내가 느끼네!
그런 열정으로 하나님 내 구세주께서
그의 얼굴을 보여 주시는 곳으로 서둘러 나아가
거기서 기쁘게 자리를 잡고
널 기다리네, 달콤한 기도 시간이여!

Sweet hour of prayer! sweet hour of prayer!
The joys I feel, the bliss I share,
Of those whose anxious spirits burn
With strong desires for thy return!
With such I hasten to the place
Where God my Savior shows His face,
And gladly take my station there,
And wait for thee, sweet hour of prayer!

<제3연>
달콤한 기도 시간이여! 달콤한 기도 시간이여!

네 나래가 내 탄원을 싣고
그에게 가리라, 기다리는 영혼에게
진실과 신실함으로 복을 주겠다고 약속하신 분께.
그가 내게 그의 얼굴을 찾고,
그의 말씀을 믿으며 그 은혜를 의지하라 명하시니,
모든 염려를 그에게 던질 생각으로
널 기다리네, 달콤한 기도 시간이여!

Sweet hour of prayer! sweet hour of prayer!
Thy wings shall my petition bear
To Him whose truth and faithfulness
Engage the waiting soul to bless.
And since He bids me seek His face,
Believe His Word and trust His grace,
I'll cast on Him my every care,
And wait for thee, sweet hour of prayer!

<제4연>
달콤한 기도 시간이여! 달콤한 기도 시간이여!
비스가 산 우뚝 솟은 고지에서
내 집을 바라보며 비행할 때까지,
네 위안을 나누고 싶도다.
그 영원한 상을 움켜쥐기 위해
육신의 장막을 떨어뜨리며 날아오르리라.
그리고 공중을 가르며 외치리라
"안녕, 안녕, 달콤한 기도 시간이여!"

Sweet hour of prayer! sweet hour of prayer!
May I thy consolation share,
Till, from Mount Pisgah's lofty height,
I view my home and take my flight.
This robe of flesh I'll drop and rise
To seize the everlasting prize;
And shout, while passing through the air,
"Farewell, farewell, sweet hour of prayer!"

[작품 배경]

이 시는 윌리엄 월포드(William Walford, 1772~1850) 목사가 1845년에 썼다. 그는 영국 소머셋 바스에서 태어나 호머튼대학을 졸업한 후 회중교회 목사가 되었다. 서포크의 스터우마켓, 노포크의 그레이트 야머스, 미들섹스의 억스브릿지에서 목회했고, 호머튼대학의 고전 문학 지도 교수 겸 총장을 역임했다. 대표적인 저서로 『기도의 방법』이란 책이 있다(Cyber Hymnal).

작시자와 관련해 영국의 시각 장애인 평신도 설교자 윌리엄 월포드가 썼다는 주장도 있다. 하지만 시의 내용이나 완성도에 비추어 볼 때 윌리엄 월포드 목사로 보는 편이 좋을 것 같다(Osbeck 1985, 259-60; 김경선, 482). 작시자에 대해 여전히 많은 논란이 있고, 심지어 이 두 인물이 동일인이라는 견해도 있다(Reynolds 1964, 187-88; Morgan, 71). 참고로 시각 장애인 월포드는 정규 교육을 받지 못한 것으로 알려져 있다.

한국 찬송가에 실린 시 중에서 기도와 관련해 이보다 더 멋진 시는 아마 없을 것이다. 기도가 무엇이고 어떤 유익을 주며, 어떻게 기도해야 하는지 상세히 소개한다. 이 시를 통해 기도에 관한 그릇된 시각이 교정되기를 간절히 원한다. 아쉽게도 한국 찬송가의 2-4절은 영시 원문과 완전히 다르다.

이 시는 기도를 의인화해 마치 시적 화자가 기도와 친밀하게 대화하는 듯한 인상을 준다. 시상의 흐름을 보면 제1연은 기도에 관한 일반적인 내용을 설명하고, 제2-4연은 시간순에 따라 진행된다. 제2연은 기도 시간을 갈망하며 애타게 기다리는 마음을, 제3연은 기도 응답을 확신하며 기도하는 장면을 상상한다. 마지막 연은 이 세상을 떠나며 기도와 아쉽게 작별하는 애틋한 마음을 보여 준다.

압운을 살펴보면 각 연에서 1-2행, 3-4행, 5-6행, 7-8행이 각운을 이룬다. 시인은 인접한 두 행을 하나로 엮어 내용을 전개한다. 또 하나의 전체적인 특징은 각 연 1행과 8행의 마지막 부분이 모두 동일하며 감탄 부호를 사용한다는 점이다. "달콤한(sweet) 기도 시간이여!" 시인은 각 연의 처음과 끝을 "달콤한 기도 시간"이란 구절로 장식해 기도 시간에 느끼는 벅찬 감동을 표출한다.

[작품 해설]

제1연은 기도를 의인화해 기도에 관한 개괄적인 내용을 네 가지로 나누어 설명한다.

첫째, 근심이 가득 찬 세상에서 우리를 불러내고,
둘째, 하나님 아버지의 보좌 앞에서 필요와 소원을 아뢰게 하며,
셋째, 슬픔에 빠진 영혼을 위로하고,
넷째, 사탄의 유혹에서 벗어나게 한다.

1행은 "달콤한(sweet) 기도 시간"이란 표현을 잇달아 두 번 사용하며 감탄 부호를 통해 진한 감동을 표현한다. 한국 찬송가의 가사로는 이런 벅찬 감동을 느낄 수 없다. 'sweet'는 감미로운 맛을 느끼게 해 감각을 즐겁게 하는 특성을 강조한다. 사람을 끌어들이는 매력을 부각한다. 이러한 의미는 대부분의 기독교인에게 상당한 도전을 준다. 기도 시간이 정말로 감미로우며 달콤하다고 느낄 신앙인이 그리 많지 않을 것이기 때문이다. 기도가 그리스도인에게 지루한 노동이 되지 않아야 한다는 주장은 아주 의미심장하다.

바울과 실라의 경우는 진정한 기도가 무엇인지 잘 보여 준다. 그들은 빌립보에서 복음을 전하다 도시를 소란하게 했다는 죄목으로 붙잡혔다. 이들은 심한 매질을 당하고 발이 차꼬에 채워진 채 깊은 감옥에 갇혔다. 그런데 한밤중에 기도하며 하나님을 찬양했다(행 16:25). VOICE 역본은 이 구절을 이렇게 번역한다.

> 심한 매질을 당하고도 바울과 실라는 신음하거나 불평하지 않고, 한밤중 어두운 감옥에서 기도하며 하나님을 찬양하는 노래를 부르고 있었다. 그 옆 감방에 있던 죄수들은 완전히 깨어 그들의 기도와 찬양 소리에 귀를 기울이고 있었다.

기도는 우리로 하여금 아버지의 보좌에 나아가 모든 필요와 소원을 아뢰도록 명한다(3-4행). 'bid'(명령하다)는 구두로 명령을 내리는 것을 의미한다. 기도는 그리스도인에게 선택 사항이 아니다. 마치 영혼의 호흡과 같아서 잠시라도 멈추면 영혼이 죽는다. 예수님은 항상 기도하며 '절대로 포기하지 말라'고 말씀하셨다(눅 18:1, NLT).

"내 아버지의 보좌"(my Father's throne)는 히브리서 4:16에 나오는 하나님의 보좌이며, 이는 곧 "은혜의 보좌"다. 그리스도인은 예수님과 분명한 인격적 관계를 맺고 은혜를 베푸시는 하나님께 나아가야 한다. 'throne'은 왕이 앉는 공식적인 자리다. 우리가 드리는 기도는 우주의 왕이신 하나님과의 공식적 만남이며 그분과 나누는 친밀한 교제다. 이 의미는 한국 찬송가에 나타나 있지 않다.

기도는 우리가 사탄의 유혹에 빠지지 않도록 지켜 준다(7행). 시의 화자는 사탄의 유혹이 있을 때마다 '기도하는 시간을 가짐으로써'(by thy return) 승리하라고 권유한다. 아울러 자신이 이미 그런 체험을 "여러 차례"(oft, often) 했다고 고백한다. 예수님은 제자들에게 "유혹에 빠지지 않게 기도하라"고 신신당부하셨다(눅 22:40). 7-8행의 의미 역시 한국 찬송가에 반영되어 있지 않다.

제2연은 기도 시간을 고대하며 그 열망으로 서둘러 나아가 하나님의 얼굴을 찾는 화자의 모습을 보여 준다. 한국 찬송가는 세상에서 방황할 때 하나님께서 기도하도록 이끌어 주신다고 말한다. 그런데 원문은 기도 시간을 고대하는 가슴 벅찬 환희와, 그분의 얼굴을 뵙는다는 생각에 설레는 마음을 묘사한다. 이를 입증하듯 제2연은 다른 연과 다르게 무려 열 개의 자음운(s)을 사용한다(sweet, share, spirits, strong, such, Savior, shows, station). 그만큼 기쁜 감정을 강하게 시각적으로 제시한다는 뜻이다.

2-4행은 기도 시간을 고대하며 그 열망으로 '불타는'(burn) 성도들의 즐거움과 '환희'(bliss)를 소개한다. 우주의 통치자이신 그분과 교제할 수 있다는 생각에 더할 나위 없는 기쁨을 표출한다. 이러한 기쁨을 반영하듯 4행은 다른 연과는 다르게 감탄 부호를 한 번 더 사용한다. 'bliss'(2행)는 '완전한 기쁨', '황홀한 기쁨'을 뜻하며, 제정신을 잃을 만큼 행복한 상태를 암시한다.

기도 시간을 기다리며 이런 행복과 기쁨을 느낄 수 있다면 얼마나 좋을까!

5-6행은 우리의 구세주이신 하나님이 그분의 얼굴을 보여 주시는 곳으로 서둘러 나아가는 동작을 묘사한다. 'hasten'(급하게 하다)은 열성 때문에 급히 서두르는 것을 의미한다. 화자는 기도 장소를 '하나님께서 그분의 얼굴을 보여 주시는 곳'으로 설득한다. '하나님의 얼굴을 대면한다'는 말은 '하나님의 임재'를 느끼는 것을 뜻한다(시 105:4, ESV).

기도 시간에 하나님의 얼굴을 대면한다고 생각해 본 적이 있는가?

기도는 마치 따발총을 쏘듯이 아무 생각 없이 내가 할 말만 늘어놓는 행위가 절대로 아니다. 하나님은 이미 우리가 구하기 전에 우리에게 필요한 것이 무엇인지 다 알고 계신다(마 6:8). 기도는 하나님의 얼굴을 뵙고 교제하며 필요를 아뢰고, 그분의 말씀을 듣는 시간이다. 그러기에 예수님은 굉장히 분주한 일정 속에서도 "새벽 아직도 밝기 전에" 일어나 한적한 곳으로 가서 기도하셨다(막 1:35). 주님은 기도를 통해 하나님과 교제하며 새로운 날의 사역을 위한 동력을 얻으셨다.

제3연은 실제로 기도하는 장면을 상상하며, 우리의 기도를 듣고 응답하시는 하나님에 대해 다음과 같이 묘사한다.

그분은

첫째, 기다리는 자에게 진실과 신실함으로 복을 주겠다고 선언하시며,
둘째, 그분의 얼굴을 찾으라 하시며,
셋째, 그 말씀을 믿으라고 말씀하시며,
넷째, 그 은혜를 의지하라고 명하신다.

2행은 기도가 마치 날개를 달고 우리의 간구를 하나님께 실어 나르는 전달자인 것처럼 서술한다.

얼마나 놀라운 상상인가!

이러한 묘사는 요한계시록 5:8과 8:4에 기초한다. 사도 요한은 금 대접에 향이 가득 담겨 있는데 그 향이 성도들의 기도라고 설명한다. 향이 연기가 되어 올라가듯이 성도의 기도가 하나님께 올라간다고 이야기한다.

3-4행은 하나님의 성품과 관련해 '진실'과 '신실함'이란 단어를 사용하며, 그분은 '약속한'(engage) 것을 반드시 지키신다고 선언한다. 'engage'(보증하다, 약속하다)는 엄숙하게 서약하고 그 약속을 지키는 행위를 함축한다. 하나님은 기도하며 기다리는 자에게 복을 주겠다고 수차례 확언하셨다. 그리스도인은 이 약속을 믿고 그분께 나아가야 한다. 기도하기 전에 다음과 같은 약속을 음미해 보라.

> 너희가 온전한 마음으로 나를 찾고 찾으면 나를 만날 것이다(렘 29:13, 쉬운성경).

화자는 하나님의 말씀과 그분의 은혜를 믿으라는 명령에 따라 모든 염려를 그분께 던지겠다고 고백한다(6-7행). 이 내용은 베드로전서 5:7을 떠올리게 한다. 사도 베드로는 하나님께서 우리를 돌보고 계시기에 "염려를 다 주께 맡기라"고 촉구한다. '맡기다'에 해당하는 헬라어는 하나님께 대한 능동적이며 결단적인 태도를 암시한다. 하나님께 맡길 때에는 주저하지 말고 내던지듯이 과감하게 맡겨야 한다(고영민 2015, 1852).

마지막 연은 시적 상상력이 더욱 풍부하며 뛰어나다. 다양한 시청각적 이미지로 동영상을 보여 주듯 이 세상을 떠나 천국을 향해 비상하는 장면을 제시한다. 화자는 살아 있는 동안 기도 시간을 통해 위로받다가, 이 세상을 떠날 때 작별하며 기쁘게 천국에 가게 될 것을 고대한다. 천국에서는 더 이상 기도가 필요 없기 때문이다.

제3연이 날개 이미지로 기도의 역할을 설명했다면, 제4연은 시적 화자가 직접 천국을 향해 날아오르는 기막힌 광경을 보여 준다. 날개 이미지는 기도와 화자를 연결한다. "비스가 산 우뚝 솟은 고지"(3행)는 모세의 마지막 순간을 암시하는데, 시인은 이 구절을 통해 자신과 모세를 하나로 엮는다.

그 의미는 다음과 같다.

첫째, 자신의 삶이 하나님의 인도하심에 의해 진행되었음을 알려 준다. 모세가 하나님의 부름을 받고 순간순간 그분의 도우심을 받으며 이스라엘 백성을 이끌었듯이 말이다.

둘째, 하나님의 명령에 대한 전적인 신뢰를 보여 준다.

하나님은 모세에게 약속의 땅에 들어가지 못하리라고 선언하며 "비스가 산 꼭대기에 올라가서" 동서남북을 바라보라고 명령하셨다(신 3:27). 모세는 명령에 따라 산꼭대기에 이르러 그 땅을 바라본 후 삶을 마감했다(신 34:1-5). 화자는 비스가 산 고지에서 자신의 집, 즉 천국을 '바라보고'(view) 그곳을 향해 날아오른다. 그 영원한 상을 '움켜쥐기'(seize) 위해 말이다. 'view'는 연구 따위를 위해 자세히 또 철저히 보는 것을 뜻한다.

이 세상에서 자신에게 주어진 임무를 다 끝내고 영원한 상을 받기 위해 찬양하며 날아오를 수 있다면 얼마나 좋을까!

"육신의 장막"(robe of flesh)을 떨어뜨리고 하늘의 집을 향해 솟아오르는 장면(5행)은 고린도후서 5:1을 상기시킨다. 'robe'는 '길고 헐거운 겉옷'인데, 시에서는 비유적인 의미로 '장막'이나 '덮개'를 뜻한다. 바울은 이 땅에 있는 "우리의 장막 집이 무너지면" 하늘에 있는 영원한 집으로 간다고 서술한다. '장막'이란 시어는 이 세상에서의 삶이 일시적이라는 점과, 약하기 때문에 무너지거나 찢기기 쉽다는 사실을 함축한다.

7-8행은 허공을 가르고 솟아오르며 그동안 정들었던 기도 시간과 아쉽게 작별하는 모습을 보여 준다. 직접 화법을 사용해 그 외침을 고스란히 들

려주며 기도 시간의 소중함을 일깨워 준다. 시인은 그리스도인이 기도 시간과 첫 만남을 갖고(제1연), 그 시간을 통해 많은 유익을 얻다가(제2-3연), 마침내 작별하는 장면(제4연)을 시간 순서에 따라 전개한다. 동반자로서의 기도의 일생을 보여 준다. 이 세상에서 기도를 통해 하나님과 누리던 교제는 영원한 천국에서의 직접적인 대면으로 계속 이어질 것이다.

- 황홀한 기쁨을 느끼며 기도 시간을 고대하는가?
- 영원한 상을 움켜쥐기 위해 매일 얼마나 노력하는가?

[영미시로 경험하는 찬송가 - 9]

저 높은 곳을 향하여

(찬송가 491장, Higher Ground)
― 하늘 고원에서 영광의 빛을 보다

<제1연>

위를 향해 계속 밀고 나아가니
매일 새롭게 오르도다.
목표를 향해 지속해서 나아가며 지금도 기도하오니
주님, 제 발이 더 높은 곳을 꽉 밟고 서게 하소서.

I'm pressing on the upward way,
New heights I'm gaining every day;
Still praying as I'm onward bound,
Lord, plant my feet on higher ground.

<후렴>

주님, 절 들어 올려 믿음으로
하늘의 고원(高原)에 서게 하소서

지금까지 발견한 것보다 더 높은 단계에.
주여, 제 발이 더 높은 곳을 꽉 밟고 서게 하소서.

Lord, lift me up and let me stand,
By faith, on Heaven's table land,
A higher plane than I have found;
Lord, plant my feet on higher ground.

<제2연>
의심이 일어나고 두려움이 낙담시키는 이곳에
머물고 싶은 마음이 없네.
비록 어떤 이들은 이런 곳에 살려 할지 몰라도
내 기도와 내 목표는 더 높은 곳이라.

My heart has no desire to stay
Where doubts arise and fears dismay;
Though some may dwell where those abound,
My prayer, my aim, is higher ground.

<제3연>
비록 사탄이 내게 화살들을 힘껏 던져도
이 세상을 초월하여 살고 싶네.
이는 믿음으로 그 기쁜 소리를 포착했기 때문이라
더 높은 곳에서 성도들이 부르는 노래를.

I want to live above the world,
Though Satan's darts at me are hurled;
For faith has caught the joyful sound,
The song of saints on higher ground.

<제4연>

가장 높은 곳에 올라가
찬란한 영광의 빛을 포착하고 싶도다.
하지만 내가 찾은 천국에 갈 때까지 계속 기도하리니
주님, 제 발이 더 높은 곳을 꽉 밟고 서게 하소서.

I want to scale the utmost height
And catch a gleam of glory bright;
But still I'll pray till Heav'n I've found,
Lord, plant my feet on higher ground.

[작품 배경]

이 시는 존슨 오트맨 주니어(Johnson Oatman, Jr., 1856~1922) 목사가 1898년에 썼다. 그는 미국 뉴저지주 메드포드 근처에서 출생했으며, 뉴저지주 빈센트타운에 있는 허버트아카데미와 뉴저지대학에서 수학했다. 19세 때 감리교 감독 교회에서 예수님을 영접했고 몇 년 후 목사 안수를 받았다. 그렇지만 교회 전임 사역을 하지 않고 부친의 사업을 도우며 자유롭게 자신을 초청하는 교회에 가서 복음을 전했다. 부친과 사별한 후에는 보험업을 시작해 큰 성공을 거두었다(Reynolds 1990, 132).

오트맨 목사는 1892년부터 자신에게 시적 재능이 있음을 발견하고 찬송시를 쓰기 시작해 약 3,000편을 썼다. 특히, 이 작품은 대중에게 소개된 이후 뜨거운 반응을 얻었는데, 당시 뉴저지주 전도 집회에서 최고의 찬사를 받았다.

이 시는 그리스도인의 삶을 성화의 과정으로 묘사한다. 하루하루 천국을 향해 한 단계씩 올라가는 여정으로 설명한다. 시상의 흐름을 보면 시간 순서에 따라, 또는 다양한 상황에서 앞으로 나아가려는 강한 열망을 보여 준다. 제1연과 후렴 그리고 제4연은 기도 형식을 취해 하나님께 도와주실 것을 강력히 호소한다.

"주님, 제 발이 더 높은 곳을 꽉 밟고 서게 하소서."

압운을 살펴보면 1-2행, 3-4행이 각운을 이룬다. 시인은 인접한 두 행을 하나로 엮어 영적으로 성숙하는 것을 더 높은 곳을 향해 오르는 동작으로 시각화한다. 마치 천국을 향해 나 있는 계단을 하나씩 올라가는 듯한 인상을 준다. 이와 함께 각 연에서 서로 다른 행내운(자음운)을 사용해 시적 묘미를 살린다. 한국 찬송가는 다섯 절로 구성되었는데, 대부분의 영미권 찬송가에는 제1-4연만 수록되어 있다.

[작품 해설]

제1연은 앞에 있는 목표를 향해 계속해서 발걸음을 재촉하며 올라가는 순례자의 모습을 묘사한다. 존 번연의 작품 『천로역정』의 주인공 크리스천이 멸망을 앞둔 장망성을 떠나 하늘나라를 향해 쉬지 않고 여행하듯이 말이다. 이 열망을 반영해 시인은 1-2행에서 현재 진행형을, 3행에서 진행의 의미를 부각하는 부사(still, 아직도)를 사용한다.

1행의 'press'(밀어붙이다)는 긴급한 필요성을 느끼며 확고하고 끈질기게 나아가는 행위를 뜻한다. 'press on'이란 표현은 빌립보서 3:14에서 인용한 것이다. NLT 역본은 빌립보서의 구절을 이렇게 번역한다.

> 나는 그 경주의 결승점에 도달하여 하늘의 상을 받기 위해 '계속 돌진하고'(press on) 있다. 그것은 예수 그리스도를 통해 하나님께서 우리를 부르신 부르심의 상이다.

사도 바울은 이 경주를 '참으로 달려볼 가치가 있는 유일한 경주'라고 칭한다(딤후 4:7, MSG). '돌진하다'에 해당하는 힐라어는 결정적으로 또 공격적으로 추적하는 것을 의미한다. 마치 사냥꾼이 사냥감을 추적하듯이 말이다. 한국 찬송가는 "나아갑니다"로 번역하는데, 이 동사로는 영시의 뉘앙스를 정확히 전달하지 못한다.

2행은 매일 '새롭게 올라가는'(new heights) 화자의 모습을 생생하게 보여준다. '높이'(height)란 단어는 반드시 공간적 차원만을 의미하지 않는다. 날마다 새로운 마음으로 그리스도를 닮아가는 내면의 변화를 암시한다. 이러한 태도는 자신 안에 깨끗한 마음을 창조하시고 '확고한 영을 새롭게' 해 달라고 요청했던 다윗의 기도와 일맥상통한다(시 51:10, NIV).

'onward'(3행)는 '앞으로'의 뜻인데, 정해진 목표를 향해 계속 나아감을 함축한다. 이 시어는 앞으로 나아가는 것도 중요하지만, 무엇보다 분명한 목표와 기도가 동반되어야 함을 강조한다. 특히, 4행은 기도 내용을 그대로 제시해 이 점을 분명히 한다. 신앙생활은 반드시 앞으로 나아가야 한다. 머물러 있을 수는 없다. 치열한 영적 전투이기 때문이다. 제1연은 다른 연보다 자음운 'p'(pressing, praying, plant)를 더 많이 사용한다. 이 기교는 더 높은 곳을 향해 추력을 기울여 나아가기를 원하는 시인의 염원을 반영한다.

후렴은 보다 높은 곳을 갈망하는 화자의 마음과 주님께 대한 절대적인 신뢰를 더욱 강하게 표출한다. "주님"이란 호칭을 두 번 사용해 간절한 기도 형태를 띠게 한다. (제1연과 제4연에서는 이 호칭이 한 번만 나타나고, 제2-3연에는 한 번도 등장하지 않는다.) 1-2행은 믿음으로 하늘의 고원에 우뚝 서기를 원한다고 주님께 간청한다. 믿음의 중요성을 강조한 화자는 믿음의 귀로 천국의 노랫소리를 들었고(제3연), 믿음의 눈으로 천국의 찬란한 빛을 보고 싶다고 노래한다(제4연).

3행은 다른 곳에서는 등장하지 않는 'plane'이란 단어를 사용한다. 이는 '수준', '단계', '차원'을 뜻하며, '더 높은 곳'이 단순한 물리적 공간이 아님을 시사한다. 그리스도인의 삶은 세상 사람과 '차원'(plane)이 달라야 한다. 돈을 버는 목표가 달라야 하고 행복의 기준이 달라야 한다.

바울은 빌립보 교회 교인들에게 권면한다.

> 주 안에서 항상 기뻐하라. 내가 다시 말하노니 기뻐하라(빌 4:4).

헬라어 성경에 의하면 이 문장에서 '다시'가 제일 강조되어 있다.

그런데 바울이 이 말을 할 당시 로마 감옥에 있었다는 사실을 생각해 보았는가?

그는 네 장밖에 되지 않는 짧은 빌립보서에서 '기쁨'이란 단어를 자주 사용한다(2:18, 28; 3:1; 4:10).

감옥에 갇힌 죄수가 밖에 있는 성도를 향해 '기뻐하라'고 권유하는 것이 상식적으로 가능할까?

이는 행복과 기쁨에 대한 바울의 관점이 세상과 다르기 때문이다.

마지막 행은 '식물'(plant) 이미지를 활용한다. 'plant'(세우다)는 힘을 주어 확고하게 어떤 장소에 두는 행위를 의미한다. 식물을 땅에 견고하게 심듯이 말이다. 시의 화자는 구체적으로 자신의 "발"이 더 높은 곳을 굳건히 밟고 설 수 있도록 도와 달라고 간구한다. 한국 찬송가는 "내 주여 '내 맘' 붙드사 그곳에 있게 하소서"로 처리하는데, 이는 원문의 뉘앙스를 제대로 전달하지 못한다. 이러한 번역은 통일찬송가에서 21세기 찬송가로 바뀌며 수정이 잘못된 대표적 사례다(김남수, 203). 시편 저자는 하나님의 구원 사역을 돌아보며 그분께서 이스라엘 백성을 가나안 땅으로 인도했고, 그 땅에 '뿌리박게'(planted) 하셨다고 회상한다(시 44:2, NASB).

후렴은 제1-4연보다도 자음 'l'(Lord, lift, let, land)을 특히 많이 활용한다. 후렴에 무려 다섯 번 등장한다. 'l'은 유음(流音), 즉 흐름소리다. 이는 미끄러지듯이 높은 곳으로 신속하게 이동하고 싶어 하는 시인의 염원을 시각화한다.

제2연은 이 세상을 의심과 두려움이 가득 찬 곳으로 묘사하며 보다 높은 곳을 갈망하는 시인의 애절한 마음을 전해 준다. 비록 이 세상에 살면서도 더 높은 것을 추구하는 태도는 "위의 것"(골 3:1)을 찾는 마음가짐과 일치한다.

성경에서 말하는 '위의 것', 즉 '더 높은 곳'(4행)은 공간적 의미가 아니다. 영적 의미에서 하나님께 속한 본질적이고 초월적인 하나님 나라와 그 나라의 일들을 가리킨다. 이는 기독교인이 새로운 영적 가치를 추구해야 한다는 점을 알려 준다(고영민 2015, 1502). 위를 바라보며 더 높은 곳을 추구하는 삶은 영적 부활을 경험한 그리스도인에게 필수적이다. 이러한 삶을 살려면 일상의 모든 일을 예수님의 관점에서 바라보아야 한다.

3-4행은 "어떤 이들"(some)과 시적 화자를 대조해 두 개의 대립되는 세계관을 제시한다. 3행의 'those'(그것들)는 2행에서 언급한 "의심"과 "두려움"을 가리킨다. "어떤 이들"은 의심과 두려움이 가득한 이곳에 만족하며 사는 사람들이고, 화자인 '나'는 거듭난 그리스도인이다. 1행과 4행은 의도적으로 '내 마음'(my heart), '내 기도'(my prayer), '내 목표'(my aim)라고 표

현한다. 여기서 세 번이나 반복된 소유격(my)은 세상의 가치관과 기독인의 가치관이 확연히 다르다는 점을 시각화한다. 'aim'은 구체적이고 뚜렷한 목표를 의미한다.

갈라디아서 6:8은 이러한 두 부류의 사람을 "자기의 육체를 위하여 심는 자"와 "성령을 위하여 심는 자"로 설명한다. 전자는 그들 자신의 '저급한 본성'을 위해 씨를 뿌리는 사람들(PHILLIPS), 오직 자신의 사악한 본성만을 충족시키기 위해 사는 사람들(NLT)이다. 반면에 후자는 성령을 기쁘시게 하기 위해 사는 사람들(NLT), 하나님께 반응하며 식물을 심는 사람들(MSG)이다.

저차원의 삶과 고차원의 삶, 이 둘 중에서 어느 것을 선택할 것인가?

제3연은 이 세상에서의 삶을 영적 전쟁에 비유하며 그리스도인의 이중적 삶을 소개한다. 화자는 사탄이 자신을 향해 '화살들'(darts)을 '힘껏 던진다'(hurl) 해도 이 세상을 초월해 살겠다고 다짐한다. 한국 찬송가 4절은 "험하고 높은 이 길을 싸우며 나아갑니다"로 번역한다. 그런데 영시는 사탄의 무시무시한 공격을 구체적으로 보여 주며, 위를 향해 전진하는 순례자의 단호한 태도를 부각한다.

'이 세상을 초월한다'(above the world)는 표현은 그리스도인이 복수 국적자임을 암시한다. 우리의 몸은 이 세상에 있지만 "우리의 시민권은 하늘에"(빌 3:20) 있다. 바울은 빌립보 교인들에게 그들이 지상에 살지만 하늘의 시민권을 가졌기에 하나님 나라 시민으로서 책임과 의무를 다해야 한다고 권면한다. 그렇다고 해서 이 땅에서의 삶을 소홀히 해서는 안 된다. 천국의 삶이 지상에서 영원으로 이어지기 때문이다.

2행은 위를 향해 나아갈 때 반드시 사탄의 대항이 있음을 시사한다. 'dart'는 '던지는 화살', '가볍고 짧은 투창'인데, 맹렬하고 날카로운 공격을 암시한다. 'hurl'(세게 던지다)은 멀리 날려 보낼 듯이 힘껏 던지는 것을 뜻한다. 베드로는 우리의 대적 마귀가 '사납고 굶주린 사자처럼' 두루 다니며 달려들어 삼킬 자를 찾는다고 경고한다(벧전 5:8, AMP).

3-4행은 사탄의 공격을 능히 물리칠 수 있는 비결을 제시한다. 더 높은 곳에서 성도들이 부르는 기쁜 노랫소리를 믿음으로 포착했다고 밝힌다. 여기서 '듣다'(hear)가 아닌, '포착하다'(catch)란 단어가 사용된 점에 유의해야 한다. 'catch'는 도망치거나 움직이는 것을 잡는 행위를 뜻한다. 이 동사에는 영적으로 깨어 있는 자세가 함축되어 있다. 이 내용은 앞에서 소개한 베드로전서 5:8의 시각과 일치한다.

베드로는 사탄의 공격을 상기시키며 무엇보다 자신을 단련한 상태에서 경계 태세를 유지하라고 명령한다(VOICE). 베드로는 아마도 겟세마네 동산에서 예수님이 자신에게 "시험에 들지 않게 깨어 기도하라"(마 26:41)고 하셨던 말씀을 떠올렸으리라.

의심과 두려움이 넘치는 이 땅에 살면서도 '믿음의 귀'로 하늘 성도들의 노랫소리를 들을 수 있다면 얼마나 좋을까!

시인은 여기서 놀라운 기교를 선사한다. 제3연은 자음운 's'(Satan, sound, song, saints)를 여러 차례 사용한다. 특히, 노랫소리를 언급하는 3-4행에서 말이다. 이 기교는 하늘에서 들려오는 찬양의 멜로디를 실제로 들려주며, 사탄의 공격과 극명한 대조를 이루게 한다. 아쉽게도 3-4행의 의미는 한국 찬송가에 반영되어 있지 않다.

제4연은 천국의 빛을 보고 힘을 얻어 계속 전진하기를 원하는 시인의 염원과 간절한 기도를 담고 있다. 화자는 천국에 가는 그 순간까지 기도하는 것을 쉬지 않겠다고 다짐한다. 한국 찬송가의 5절은 원문과 완전히 다르다.

1-2행은 가장 높은 곳에 올라가 찬란한 천국의 빛을 보기 원하는 열망을 표출한다. 'scale'(기어오르다)은 곤란이나 위험을 극복하고 오르는 것을

강조한다. 이 시어는 예수님을 따르는 제자의 길이 험난한 여정임을 함축한다. 길이 좁고 영적 싸움이 지속되기 때문이다. 주님은 "생명으로 인도하는 문은 좁고 길이 협착하여"(마 7:14) 찾는 자가 적다고 말씀하셨다. 천국에 이르는 길은 정신을 바짝 차려야 갈 수 있는 힘든 길이고(MSG), 그 길을 여행하는 사람은 끊임없는 방해와 압력을 받는다(JMNT).

제3연에서 사용된 'catch'(포착하다)란 단어가 여기에도 등장한다. 시의 화자는 제3연에서 '천국의 소리'를, 제4연에서 '찬란한 영광의 빛'을 언급한다. 청각적 이미지(제3연)와 시각적 이미지(제4연)가 연이어 등장한다. 'gleam'은 '섬광', '빛남', '번쩍임'을 뜻하는데, 어두운 곳을 배경으로 많은 불빛이 번쩍이는 광경을 제시한다. 2행은 자음운 'g'(gleam, glory)를 활용해 천국의 찬란한 불빛을 시각화한다.

각 연마다 서로 다른 자음운을 사용해 시청각적 이미지를 강화하며 시적 아름다움을 배가한다는 점이 얼마나 놀라운가!

3-4행은 천국에 도달할 때까지 지속적으로 기도하는 시인의 겸허한 마음과 하나님께 전적으로 의지하는 태도를 반영한다. 시인은 시의 처음(제1연 4행)과 마지막(제4연 4행)을 동일한 구절로 장식해 이 기도 내용이 바로 핵심이란 점을 분명히 한다. "주님, 제 발이 더 높은 곳을 꽉 밟고 서게 하소서." 신앙생활이나 성화의 과정은 결코 인간의 노력이나 힘만으로 이루어지지 않는다. 우리로 하여금 원하고 행하도록 우리 안에서 작용하시는 하나님의 은혜가 있을 때 비로소 가능하다(빌 2:13).

- 영적 성숙을 갈망해 본 적이 있는가?
- 당신이 발견한 천국을 얼마나 그리워하는가?

[영미시로 경험하는 찬송가 10]

만세 반석 열리니

(찬송가 494장, Rock of Ages)
― 맹렬한 폭풍우 속에서

<제1연>
날 위해 쪼개진 만세 반석이시여
제가 당신 안에 숨게 해 주소서.
당신의 상처 입은 옆구리에서 흐르는
그 물과 피가
죄를 이중으로 치료하게 하여
징벌에서 날 구원하고 정결하게 해 주소서.

Rock of Ages, cleft for me,
Let me hide myself in Thee;
Let the water and the blood,
From Thy wounded side which flowed,
Be of sin the double cure;
Save from wrath and make me pure.

<제2연>
제 손의 노력으로
당신 율법의 요구를 충족시킬 수 없나이다.
제 열성이 휴식을 모르고
제 눈물이 영원히 흐른다 해도
이 모든 것이 죄를 속량할 수 없으니
오직 당신, 당신만이 구원해 주셔야 하나이다.

Not the labor of my hands
Can fulfill Thy law's demands;
Could my zeal no respite know,
Could my tears forever flow,
All for sin could not atone;
Thou must save, and Thou alone.

<제3연>
제 손에 아무것도 들지 않고
오직 십자가만 붙듭니다.
벌거벗어, 옷 입혀 주심을 바라며 당신께 나아오고
의지할 곳 없어, 은혜를 갈망하며 당신을 의지하고
더러워, 이 샘으로 쏜살같이 나아오니
구세주여 씻어 주소서, 아니면 제가 죽나이다.

Nothing in my hand I bring,
Simply to the cross I cling;
Naked, come to Thee for dress;

Helpless look to Thee for grace;
Foul, I to the fountain fly;
Wash me, Savior, or I die.

<제4연>

이처럼 빠르게 지나가는 세상을 살다가
눈을 감으며 죽을 때,
미지의 세상으로 날아올라
당신의 심판 보좌에 앉으신 당신을 뵈오니
날 위해 쪼개진 만세 반석이시여,
제가 당신 안에 숨게 해 주소서.

While I draw this fleeting breath,
When mine eyes shall close in death,
When I soar to worlds unknown,
See Thee on Thy judgment throne,
Rock of Ages, cleft for me,
Let me hide myself in Thee.

[작품 배경]

이 시는 어거스터스 톱레이디(Augustus Toplady, 1740~1778) 목사가 1776년에 썼다. 그는 영국 서레이 판햄에서 출생했는데, 아버지는 영국 군인 장교였고 어머니는 매우 경건한 여인이었다. 16세 때 아일랜드를 방문하던 중, 커더메인의 한 헛간에서 열린 집회에 참석했다가 회심하고 변화되었다.

> 이제는 전에 멀리 있던 너희가 그리스도 예수 안에서 그리스도의 피로 가까워졌느니라
> (엡 2:13).

　이 말씀이 그의 마음을 움직였고, 1762년 톱레이디는 영국 국교회 목사가 되었다(Hymnary).
　이 시는 그가 큰 바위 틈에서 폭풍우를 피하던 중 영감을 받고 썼다. 1776년 어느 날, 그는 벌판에서 갑작스런 심한 폭풍우를 만났다. 두려워서 피할 곳을 찾다가 커다란 바위를 발견하고, 바위 틈새에 몸을 숨긴 후 폭풍우가 지나가기를 기다렸다. 그 순간 안도감을 느끼며 자신을 위해 죽임 당하신 만세 반석 예수님을 떠올렸다. 그분의 품에 안기면 다가올 심판도 두렵지 않다는 확신을 갖게 되었다. 그는 발밑에 카드 한 장이 떨어져 있는 것을 보고 집어 들어 즉시 이 시를 적었다(Thuesen, 74; Gariepy, 23).
　이 시는 바위 틈새에서 폭풍우를 피하던 시인이 우리를 위해 옆구리가 찢기신 예수님을 생각하며 구원의 은총을 찬양한다. 기도 형식을 취하며 갈수록 더욱 강렬한 감정을 표출한다. 시상의 흐름을 보면 시간 순서에 따라 진행되고 하나님께 대한 신뢰가 강화된다.
　제1연은 주님의 몸에서 흐르는 물과 피가 죄를 치료하는 효능이 있음을 선포한다. 제2연은 인간의 노력과 하나님의 능력을 대조해 인간의 무능력을 부각한다. 제3연은 인간의 비참한 영적 실상을 토로하며 하나님께 구원해 주실 것을 호소한다. 마지막 연은 심판 보좌에 앉으신 주님을 상상하며 보호해 달라고 요청한다. 압운을 살펴보면 각 연의 1-2행, 3-4행, 5-6행이 각운을 이룬다.

[작품 해설]

제1연은 죄인들을 위해 피와 물을 다 쏟은 만세 반석 예수님을 찬양하며 우리를 치료해 주시도록 간청한다. 화자는 '갈라진 바위의 틈새'를 보며 '옆구리가 찔리신 만세 반석'을 떠올린다.

바위의 틈새를 보며 창에 찔린 예수님의 옆구리를 상기하는 시인의 상상력, 얼마나 독창적인가!

1-4행은 약 2,000년 전에 있었던 십자가 처형 장면을 제시하는데, 요한복음 19:33-37을 배경으로 한다. 예수님이 십자가에 달렸을 때 로마 군인들 중 하나가 그분이 이미 숨지신 것을 보고도 창으로 옆구리를 찔렀다. 그러자 곧 피와 물이 쏟아져 나왔다. 아마 참으로 죽었는지 확인하기 위해 그랬으리라. 이 내용은 사복음서 중에서 요한복음에만 기록되어 있다.

요한은 이 사실을 기록해 예수님 죽음의 실재성과 그분이 살과 피를 가진 인간이었음을 알려 준다. 성육신하신 하나님의 아들임을 강력하게 주장한다. 이 내용은 그분이 "물"과 "피"로 임했다는 요한일서 5:6과도 상통한다(Beasley-Murray, 649).

'cleave'(1행)는 '쪼개다', '찢다'의 뜻이며, 날카로운 칼 따위로 찔러 쪼개는 행위를 암시한다. 이 동사는 쪼개진 바위와 창에 찔린 예수님을 연결한다. 바울은 고린도전서 10:4에서 예수님을 "신령한 반석"(영적 바위)으로 설명한다. 아울러 이스라엘 백성이 광야 생활을 할 때 바위에서 솟아난 샘물을 마셨는데(출 17:1-6), 그 바위가 그리스도라는 영적 해석을 덧붙인다. 중간기 시대의 유대 주석에 의하면 학자들은 모세가 광야에서 바위를 두 번 쳤다고 주장한다. 처음 쳤을 때는 피가 나왔고, 두 번째 쳤을 때 비로소 물이 나왔다고 이야기한다(Burge, 686-87).

한국 찬송가의 1절은 영시의 의미를 제대로 반영하지 못한다. "만세 반석 열리니 내가 들어갑니다"로 되어 있는데, 사실 원문의 내용은 이와 정반대다. 자동으로 '열린' 것이 아니라 창에 의해 '찢긴' 상태고, '내가 들어갑니다'가 아니라 '나를 숨겨 주소서'의 뜻이다(1-2행). 원문에 의하면 주체가 인간이 아닌 예수님이다. 시인은 구세주이신 주님께서 우리를 그분의 품에 감싸 주시는 장면을 제시한다. 2행의 'Thee'는 고어로 지금의 'you'(목적격)에, 4행의 'Thy'는 'your'(소유격)에 해당한다.

5-6행은 예수님의 물과 피가 이중 치료제가 되어 죄인을 징벌에서 구원하고 깨끗하게 해 달라고 요청한다. 이중 치료와 어울리게 '징벌'(wrath)에서 구원받고, '깨끗하게'(pure) 되는 것, 두 가지를 요구한다. '이중 치료'(double cure)라는 표현이 참 재미있다. 시인은 주님의 옆구리에서 나온 '물'과 '피'가 각각의 효과를 발휘한다고 해석한다. 히브리서는 그리스도의 '피'가 우리 마음에 뿌려져 "악한 양심"이 깨끗해졌고, 우리 몸은 "맑은 물로 씻음을" 받았다고 단언한다. 따라서 그리스도의 속죄 사역을 믿는 성도는 진실한 마음과 확고한 믿음으로 하나님께 나아가야 한다고 주장한다(10:22).

이 시는 전체적으로 1-2행, 3-4행, 5-6행이 각운을 이룬다. 두 행씩 엮여 있다. 그런데 제1연의 3-4행은 예외로 각운을 이루지 못한다. 'blood'의 '/ʌd/'와 'flowed'의 '/oud/' 발음이 일치하지 않는다.

이렇게 처리된 이유가 무엇일까? 3-4행은 예수님의 물과 피가 '옆구리'(side)에서 '흘러나오는'(flow) 참혹한 광경을 보여 준다. 시인은 중간 부분인 3-4행을 하나로 엮지 않음으로써, 마치 옆구리 틈새로 물과 피가 흘러나오는 듯한 효과를 자아낸다.

정말로 시에서만 볼 수 있는 멋진 기교 아닌가!

제2연은 인간의 노력으로 율법의 요구를 충족시킬 수 없다고 말하며, 오직 예수님만이 우리 죄를 용서하실 수 있음을 확언한다. 화자는 인간의 노력을 셋으로 나누어 설명한다. '내 손의 노력'(1행), '나의 열성'(3행), '나의 눈물'(4행)이 바로 그것이다. 시인은 의도적으로 '나의'(my)라는 소유격을 세 번 반복해 인간의 강렬한 의지와 끊임없는 노력을 부각한다. 그러나 인간의 노력은 원죄 문제를 조금도 해결하지 못한다. 죄의 노예가 된 인간이 영적으로나 윤리적으로 하나님의 율법을 지킬 만한 능력을 갖지 못했기 때문이다.

1-3행에 등장하는 시어들을 살펴보자. 'labor'(노동)는 사람을 지치게 하는 고된 육체적 노력을, 'zeal'(열의)은 정치적 또는 종교적 신념에 대한 강한 확신을 암시한다. 'respite'(일시적 중단)는 열정적으로 힘든 일을 하다가 잠깐 쉬는 상황을 의미한다.

회심하기 전 바울의 모습은 빗나간 종교적 열정이 얼마나 끔찍한 결과를 초래하는지 잘 보여 준다. 그는 율법을 엄격하게 지키는 경건한 바리새파에 속했으며 당시 가장 유명한 가말리엘의 문하에서 공부했다(행 22:3). 그렇지만 그의 종교적 '열성'은 예수님의 제자들을 증오하고 잔인하게 박해하는 극단적 행동으로 나타났다(빌 3:6). 그는 교회를 핍박하는 행위가 율법의 권위를 높이고, 하나님께 대한 믿음을 지키는 것이라는 그릇된 확신을 가지고 있었다(고영민 2015, 1465).

얼마나 아이로니컬한가!

인간의 노력이 율법의 요구를 충족시킬 수 없다고 고백한 화자는 오직 주님께 매달리며 구원해 주실 것을 호소한다(5-6행). 6행은 'must'를 사용하는데, 이는 화자의 입장에서 보았을 때 반드시 그렇게 해야 하는 강한 의무를 드러낸다. 구원의 능력이 오직 주님께만 있기에 필사적으로 그분께 매달릴 수밖에 없음을 암시한다. 전적으로 주님만을 의지하는 자세, 이것이 '심령이 가난한 자'(마 5:3)의 특징이다.

5-6행은 사도행전 4:12, 에베소서 2:8-10과 연결된다. 베드로와 요한은 공회 앞에서 "다른 이로써는 구원을 받을 수 없나니 천하 사람 중에 구원을 받을 만한 다른 이름을 우리에게 주신 일이" 없다고 선포한다. 바울은 그리스도인의 구원이 오로지 하나님의 재창조 사역의 결과임을 알려 주

며, 우리가 '하나님의 걸작'이라고 설명한다(엡 2:10, NLT).

제3연은 인간의 한계를 느낀 화자가 예수님께 나아와 십자가를 붙드는 필사적 노력을 보여 준다. 절대자 앞에 선 인간의 초라한 영적 실상을 리얼하게 제시한다. 1-2행은 제2연과 관련되어 있다. 시의 화자는 인간의 행위나 노력으로 구원받을 수 없다는 사실을 절감하고 빈손으로 나아와 십자가를 붙든다. 'cling to'(달라붙다)는 시각적 이미지인데, 팔이나 덩굴로 꼭 달라붙어 놓기를 거부하는 상황을 뜻한다.

한국 찬송가의 3절 중간 부분은 영시와 완전히 다르다. 한국 찬송가에 나타나 있지 않지만, 3-5행은 인간의 영적 실상을 세 가지로 나누어 묘사한다.

첫째, 벌거벗었고,
둘째, 의지할 곳 없는(helpless) 존재이며,
셋째, 아주 더러운(foul) 존재다.

'helpless'는 혼자 힘으로 어떤 행동을 취할 능력이 조금도 없음을 강조하며, 'foul'은 아주 더러워 썩은 냄새가 진동하는 상황을 의미한다.

영시에 묘사된 인간의 실상은 요한계시록 3:17에 언급된 라오디게아 교회의 이미지를 떠올리게 한다(NRSV). 그들은 자기들이 부요해 부족한 것이 없다고 자랑했다. 그러나 예수님은 그들이 비참하고, 가련하며, 벌거벗었다고 진단하신다.

당시 라오디게아 지역은 번창하는 금융의 중심지였으며, 특히 직물과 의학 관련 학교 그리고 안약 연고로 명성이 자자했다(Keener, 891). 그러나 이들은 자기의 영적 상태를 깨닫지 못한 채 스스로 부요하다고 착각해 그리스도에 대해 모르는 상태에 있었다. 주님은 이들에게 불로 연단한 금을 사서 부요하게 하고, 흰 옷을 사서 벌거벗은 수치를 가리며, 안약을 사서

눈에 바르라고 책망하신다.

화자는 자신의 부끄러운 모습을 깨닫고 '이 샘'(the fountain)으로 '쏜살같이 나아와'(fly) 씻어 달라고 간절히 요청한다. '그렇지 않으면'(or) 죽을 수밖에 없기 때문이다(5-6행). 마지막 행은 죄인이 구세주께 부르짖는 간곡한 절규다.

5행의 "이 샘"(the fountain)은 스가랴 13:1을 반영한다. 스가랴 선지자는 "그 날에 죄와 더러움을 씻는 샘이 다윗의 족속과 예루살렘 주민을 위하여" 열릴 것이라고 선언한다. '죄와 더러움을 씻는 샘'은 그리스도의 죽음으로 인한 속죄의 피가 성도들의 죄를 깨끗하게 할 것을 상징한다(MacArthur, 1071).

시인은 그 샘으로 나아간다는 대목에서 'fly'란 동사를 사용한다. 이는 '재빨리 움직이다', '쏜살같이 가다', '달려가다'의 뜻인데, 'foul', 'fountain'과 더불어 자음운(f)을 이룬다. 벅찬 가슴으로 날아가듯이 이동하는 화자의 모습을 시각화한다.

제4연은 짧은 생을 마치고 하늘 보좌 앞에 섰을 때 주님 품 안에 안기게 해 달라고 간청한다. 실제로 작시자 톱레이디는 결핵과 과로로 38세의 나이에 세상을 떠났다. 한국 찬송가에는 누락되었지만, 영시는 인간의 삶이 얼마나 빨리 지나가는지를 묘사한다. 인생을 '한순간의 호흡'(fleeting breath)에 비유한다(1행). 'fleeting'은 '한순간의', '나는 듯이 지나가는'의 뜻이다.

이러한 비유는 시편 144:4을 배경으로 한다. 다윗은 "인간이 한 번의 호흡과 같고, 그들의 날은 한순간의 그림자와 같다"고 노래한다(NIV). 이 표현에는 인간의 연약함과 인간 생명의 일시성 그리고 절대자에 대한 의뢰의 필요성이 담겨 있다.

1-2행과 3-4행은 뚜렷한 대조를 보여 주며 긴장감을 불러일으킨다. 1-2행은 덧없는 인간 세상을, 3-4행은 영원한 하나님 나라를 함축한다.

화자는 눈을 감으며 한순간의 인생을 마감하고 날아올라 '미지의 세상'에 도달한다. 그런데 바로 거기서 고대하던 주님을 뵙는다. 물론 미지의 세상은 천국을 의미한다. 시인은 'throne'(보좌)과 각운을 맞추기 위해 의도적으로 이렇게 표현해 궁금증과 기대감을 불러일으킨다.

2행은 원래 'When my eye-strings break in death'(내 안구근이 기능을 다 했을 때)로 되어 있었는데, 약간 수정된 것이다. 3행의 'soar'(날아오르다)는 수직으로 하늘 높이 비상하는 것을 의미하는데, 죽음의 순간 이후 인간의 영혼이 하늘로 치솟는 장면을 묘사한다.

4행은 보좌에 앉으신 주님의 장엄한 모습을 시각화한다. 한국 찬송가에는 드러나 있지 않지만, 원문은 '당신의 심판 보좌에 앉으신 당신을 뵈리니'로 되어 있다. '당신의 심판 보좌'란 표현은 "인자가 자기 영광의 보좌에"(마 19:28) 앉아 계신 장면을 상기시킨다. 예수님의 절대적 권위와 종말의 심판자로서의 성격을 부각한다.

마지막 5-6행은 제1연 1-2행을 반복해 이 내용이 시의 주제임을 분명히 한다. 반석이신 주님께서 날 위해 쪼개지셨기에 우리가 그 안에 숨을 수 있다는 시인의 상상력이 놀랍다. 시인의 시상은 현실에서 시작해 자연스럽게 영광스런 미래로 옮겨간다. 주님의 '보호'(hide)는 우리가 살아 있을 때나 이 세상을 떠났을 때나 영원히 지속된다. 그러기에 그리스도인은 언제 어디서나 하나님을 찬양해야 한다.

이사야 선지자는 하나님을 '만세 반석'으로 소개하며 그분을 영원히 신뢰하라고 역설한다(26:4, AMP). '반석'이란 용어에는 위급할 때 도피할 수 있는 굳건한 요새, 적의 공격으로부터 보호해 주는 '방패'란 의미가 내포되어 있다.

🐾 당신의 영적 실상은 어떠한가? 썩은 냄새를 풍기지는 않는가?
🐾 구원 문제에 있어서 하나님의 도우심을 얼마나 갈망하는가?

[영미시로 경험하는 찬송가 11]

죄짐 맡은 우리 구주

(찬송가 369장, What a Friend We Have in Jesus)
— 중병에 걸린 어머니를 위로하며

<제1연>

우리의 모든 죄와 슬픔을 담당하시는
예수, 얼마나 좋은 친구인가!
모든 것을 기도로 하나님께 가져갈 수 있으니,
얼마나 큰 특권인가!
오, 우리는 자주 평화를 빼앗기고
오, 쓸데없는 고통을 당하고 있네,
이는 기도로 모든 것을 하나님께
가져가지 않기 때문이다.

What a friend we have in Jesus,
All our sins and griefs to bear!
What a privilege to carry
Everything to God in prayer!

O what peace we often forfeit,
O what needless pain we bear,
All because we do not carry
Everything to God in prayer.

<제2연>

시련과 유혹을 당하고 있나?
어려움을 겪고 있나?
우리는 결코 낙심해서는 안 되니
주님께 기도로 아뢰라.
우리의 모든 슬픔을 함께하시는
이런 신실한 친구, 또 어디 있을까?
예수께서 우리의 모든 약함을 아시니
기도로 주님께 아뢰라.

Have we trials and temptations?
Is there trouble anywhere?
We should never be discouraged;
Take it to the Lord in prayer.
Can we find a friend so faithful
Who will all our sorrows share?
Jesus knows our every weakness;
Take it to the Lord in prayer.

<제3연>

근심의 무거운 짐에 눌려

약해지고 괴로워하고 있나?
귀하신 구세주, 여전히 우리의 피난처 되시니
주님께 기도로 고하라.
친구들이 널 멸시하며 떠났는가?
기도로 주님께 고하라!
그가 널 안아 주고 보호하시리니
거기서 위로를 받으리라.

Are we weak and heavy laden,
Cumbered with a load of care?
Precious Savior, still our refuge,
Take it to the Lord in prayer.
Do your friends despise, forsake you?
Take it to the Lord in prayer!
In His arms He'll take and shield you;
You will find a solace there.

<제4연>
복되신 구세주여, 우리의 모든 짐을
당신께서 담당한다고 약속하셨으니,
주님, 우리가 항상 간절한 기도로
모든 것을 당신께 가져가나이다.
곧 명랑하고 찬란한 영광 속에서는
기도할 필요가 없으리니,
거기서 우리의 달콤한 븟깃을 누리리이다,
환희와 찬양 그리고 영원한 예배를.

Blessed Savior, Thou hast promised
Thou wilt all our burdens bear
May we ever, Lord, be bringing
All to Thee in earnest prayer.
Soon in glory bright unclouded
There will be no need for prayer
Rapture, praise and endless worship
Will be our sweet portion there.

[작품 배경]

이 시는 조셉 스크리븐(Joseph M. Scriven, 1819~1886)이 1855년에 썼다. 그는 아일랜드 카운티 다운에 있는 한 부유한 가정에서 출생했으며, 더블린에 있는 트리니티대학을 졸업했다. 그런데 대학을 졸업한 후부터 그에게 비극이 연이어 닥쳐왔다. 군복무를 위해 사관학교에 등록했는데 건강이 좋지 않아서 중도에 포기해야만 했다. 1844년에는 아일랜드 여성과 약혼했는데 약혼녀가 결혼식 전날 밤에 익사했다.

스크리븐은 이 사건을 잊기 위해 1846년 캐나다 온타리오주로 이민을 가서 교사 생활을 시작했다. 하지만 1855년 두 번째 약혼녀 역시 결혼식 직전에 폐렴으로 사망했다. 이 무렵 더블린에 있는 어머니가 중병으로 누워 있다는 소식을 들었다. 어머니를 위로하기 위해 또 약혼녀가 갑자기 세상을 떠났다는 사실을 알리기 위해 그는 편지를 써서 이 시와 함께 보냈다(Bonner, 106).

연속되는 비극을 겪은 후에 그는 완전히 새로운 삶을 살았다. 성경에 나오는 산상수훈의 교훈을 문자 그대로 따르려고 노력했다. 얼마 안 되는 재산을 팔아 가난한 사람에게 나누어 주었고, 무보수로 막공일을 하며 이웃 사람들의 집을 수리해 주었다. 이런 행동을 보고 어떤 이들은 별난 행동을 한다고 비난했지만 대부분 사람은 그를 존경했다.

얼마 후 아파 누워 있을 때 그의 친구가 방문했다. 그 친구는 우연히 침대 옆에 있는 종이쪽지에 이 시가 적힌 것을 발견하고 누가 썼는지 물었다. 스크리븐은 겸손하게 "즈님과 내가 공동으로 썼너"라고 대답했다 (Osbeck 1982, 276). 헌신적인 삶을 살던 그 역시 1886년 사고로 익사했다.

이 시는 원래 네 연으로 구성되었는데, 한국 찬송가를 비롯한 대부분의 찬송가에는 제1-3연간이 실려 있다. 시인이 겪었던 슬픔의 순간들을 반영하듯, 죄의 짐에 눌려 고통당하는 인간의 고달픈 현실을 구체적으로 보여 준다. 각 연에서 예수님이 어떤 분인가를 알려 주며 그분께 기도로 고해야 할 필요성을 역설한다.

이 시만의 특징은 각 연에서 2행, 4행, 6행, 8행이 모두 각운을 이룬다는 점이다. 시인은 이러한 문학적 기교를 통해 시 전체를 하나로 엮는다. 이는 예수님과 그리스도인이 하나가 된 듯한 효과를 자아낸다.

또 하나의 특징은 '모든 것을 기도로 하나님께 아뢴다'(제1연 3행과 7행, 제4연 3행)는 대목에서 행말두종지행(run-on line)을 사용한다는 점이다. 시는 원래 한 행이 끝나면 잠시 휴지(休止)를 갖게 되어 있다. 그런데 제1연의 3행과 7행, 제4연의 3행은 'carry/bringing'과 'everything/all' 사이에서 행갈이를 한다. 붙어 있어야 할 동사(carry, bringing)와 돈적어(everything, all)를 떼어놓는다. 그 결과 행의 끝에서 쉬지 못하고 바로 다음 행으로 이어지게 만든다. 이 기고는 하나님께 필요한 것을 아뢸 때 신속하게 해야 한다는 점을 시각화한다.

시에서만 볼 수 있는 기교인데, 얼마나 놀라운가!

[작품 해설]

　　제1연은 이 시의 전제와도 같다. 우리의 슬픔을 담당하시는 친구 예수님을 소개하며, 기도할 수 있는 특권을 활용하지 않아 평화를 빼앗긴다고 단언한다. 한국 찬송가에는 나타나 있지 않지만, 원문은 감탄사(what, O)와 감탄 부호를 사용해 격한 감정과 안타까운 심정을 표출한다.
　　예수님은 자신의 제자를 '친구'라고 부르며 친구를 위해 목숨을 내놓는 것보다 더 큰 사랑은 없다고 선언하신다(요 15:13). 이 말씀은 신약성경에서 가장 극적인 말씀 중 하나다(Gangle, 419). 후에 주님은 이 말씀을 입증하기 위해 우리를 위해 십자가를 지신다. 이를테면 친구를 위해 최고의 사랑을 보여 주신다. 예수님의 친구가 된다는 것은 우리가 이 세상에서 얻을 수 있는 최고의 영예다.
　　'privilege'(3행)는 어떤 중요한 지위를 지닌 사람이나 권력층과의 특별한 관계로 인해 주어지는 혜택을 말한다. 성경은 예수님을 믿는 자들에게 하나님의 자녀가 되는 권세 또는 특권이 주어졌다고 말한다(요 1:12). 그런데 안타까운 현실은 상당수의 그리스도인이 하나님께 아뢰는 것을 특권으로 여기지 않는다는 점이다. 쓸데없는 고통을 당하면서도 말이다(6행). 한국 찬송가에는 기도하는 것이 특권이란 사실에 대한 암시가 전혀 없다.
　　화자는 기도로 모든 것을 하나님께 '가져가야'(carry) 한다고 주장한다. 'carry'(가져가다, 운반하다)는 운반되는 물건의 크기나 무게에 관계없이 한 장소에서 다른 장소로 옮기는 것에 초점을 둔다. 기도는 눈을 감은 채 허공에 대고 외치는 공허한 중얼거림이 아니다. 우주를 다스리는 절대자에게 드리는 가장 엄숙한 대화이며 고백이다. 하나님은 우리의 간구를 듣고 기쁘게 여기신다(시 6:9, NRSV).
　　'forfeit'(5행)는 재산이나 권리 따위를 박탈당하는 것을 의미하며 사탄의 적극적인 방해를 암시한다. 한국 찬송가는 이 부분을 "복을 받지 못하네"

로 번역하는데, 영시는 이와 다르다. 단지 복을 받지 못하는 차원이 아니라, 가지고 있던 것마저 빼앗기고 쓸데없는 고통까지 당한다고 경고한다.

제1연이 전제와 같다면, 제2연은 구체적으로 시험과 시련을 당하는 이들에게 예수님이 어떤 분인지 알려 준다. 그분을 "신실한" 친구로 소개하며 우리의 모든 슬픔을 함께하신다고 설명한다. 예수님에 관한 소개가 제1연보다 약간 확장되었다. 1-2행에 나오는 "시련", "유혹", "어려움"이란 시어들은 시인이 겪은 비극적 상황을 감안하면 더 절실하게 다가온다.

3행은 그리스도인이 결코 낙심해서는 안 된다고 말하며 요청할 것이 있으면 하나님께 가져가라고 권유한다. 그리스도인이 근심하거나 낙심하지 말아야 할 이유는 우주의 주권자이신 하늘 아버지께서 돌보시기 때문이다. 예수님은 하나님께서 심지어 들풀까지 입힌다고 강조하며, 그분의 자녀를 얼마나 잘 돌보시겠느냐고 물으십니다(마 6:26-30).

이 말은 기독교인이 필요한 것을 위해 일할 필요가 있음을 무시하는 말이 결코 아니다. 우리를 인도하고 적당한 때에 부족한 것을 공급하시는 그분을 전적으로 신뢰하라는 뜻이다(Osborne, 281).

예수님은 우리의 모든 슬픔을 공유하신다(6행). 'share'는 다른 사람과 분담해 함께 나누는 행위를 의미하며 친밀함을 함축한다. 예수님께서 나병 환자를 치유하신 사건이 이를 입증한다. 주님이 산상수훈을 마치고 산에서 내려왔을 때 한 나병 환자가 나아와 치료해 주실 것을 간청했다. 이에 예수님은 '손을 내밀어' '그를 만지며' 치료하셨다(마 8:3). 말씀만으로도 충분히 치료할 수 있었지만 친히 병자를 만지셨다.

마태는 이 특이한 행동을 이중으로(손을 내밀다, 만지다) 묘사해 특별한 의미를 부여한다. 아마 누군가가 옆에서 이 광경을 보았다면 경악했으리라(France, 307).

주님이 우리의 약함을 아신다는 7행의 내용은 히브리서 2:18, 4:15에 기인한다. 그분은 "모든 일에 우리와 똑같이 시험을 받으신" 분이지만, 죄가 없기에 우리의 연약함을 동정하실 수 있다. 그러기에 우리의 대제사장이 되신다. 주님께서는 인간의 뼈대가 아주 연약하고 우리가 티끌에서 왔다는 사실을 아신다(시 103:14, VOICE).

제2연은 한마디로 우리의 슬픔과 어려움을 공유하시는 예수님의 이미지를 제시한다. 이러한 내용을 반영하듯 시인은 행내운을 여러 차례 사용해 우리를 도와주시는 하나님을 시각화한다. 1-2행의 'trials', 'temptations', 'there', 'trouble', 5행의 'find', 'friend', 'faithful', 6행의 'sorrows', 'share'가 각각 자음운을 이룬다.

제3연은 우리의 피난처가 되시는 구세주를 소개하며 무거운 짐에 눌린 사람들에게 기도하라고 당부한다. 제1-2연이 친구로서의 예수님을 언급했다면, 제3연은 훨씬 강력한 단어(구세주)를 사용한다. 우리는 여기서 예수님의 인성과 신성, 즉 내재성과 초월성을 발견할 수 있다. 그분은 우리의 친구이며 동시에 하나님의 아들이시다.

1-2행은 마태복음 11:28을 상기시킨다. 주님은 지치고 무거운 짐 진 자들을 향해 자신에게 나아오라고 초청하신다. '무거운 짐을 진' 자는 삶의 고난이란 짐을 진 모든 사람을 가리키며(Osborne, 492), 이는 곧 인간의 실존적 모습을 암시한다. 'cumber'(방해하다, 괴롭히다)는 짓누르는 무게로 인해 행동하기 어려운 상태를 함축한다. 이 단어는 잘 쓰이지 않는데, 시인은 'care'와 운을 맞추기 위해 선택해 짐에 눌린 절망적 상황을 부각한다.

3행에서 'still'이란 부사에 주목할 필요가 있다. 이는 '여전히', '전과 마찬가지로'의 뜻이며, 예상보다 더 오래 지속되는 상황에 대한 놀람을 함축한다. 여호와는 "아브라함의 하나님이요 이삭의 하나님이요 야곱의 하나님"(마 22:32)이시다. 이 말은 하나님께서 이스라엘의 열조들을 지원하

[영미시로 경험하는 찬송가 11] 죄짐 맡은 우리 구주   115

고 구원했던 것처럼, 지금도 우리를 도와주신다는 뜻이다(강대훈, 347). 3행은 자음운(Savior, still)을 활용해 이 점을 강조한다.

  친구들이 비난하며 떠나가는 장면(5행)은 시인이 처했던 상황을 이해할 때 더욱 공감할 수 있다. 예수님은 자신이 직접 제자에게 배신과 버림을 당한 적이 있기에(마 26:56) 누구보다 그 아픔을 잘 알고 위로해 주신다. 주님은 당시 유대인 사회에서 소외당한 평판이 나빴던 사람들과 자주 식사 교제를 하셨다(마 11:19).

  7행의 'shield'(방패로 막다)는 "나는 네 방패요 너의 지극히 큰 상급이니라"(창 15:1)는 말씀을 떠올리게 한다. 'solace'(8행)는 우울하고 고독한 감정을 달래 주는 것을 뜻하는데, 친구로서 부드럽게 위로하는 행위를 강조한다. 이 시어는 5행에 등장하는 "친구" 이미지와 조화를 이룬다. 하나님은 목자처럼 자기 백성을 돌보고, 어린양들을 자기 팔로 모으며, 품에 가까이 안아 주고 인도하신다(사 40:11).

  마지막 연은 제1-3연의 내용과 관점이 완전히 다르다. 예수님께 직접 기도하는 형식을 취한다. 화자는 앞에서 예수님이 어떤 분인가를 소개하며 기도의 필요성을 역설했다. 여기서는 그분의 약속을 상기시키며 기도를 들어주실 것을 다시 한번 간청한다. 천국에서 경험하게 될 벅찬 감정을 표현한다. 이렇게 보면 제4연은 이 시의 결론이다. 한국 찬송가에 제4연이 누락된 것이 정말로 아쉽다.

  1-2행은 고어(Thou, hast, wilt)를 사용해 주님의 위대하심을 더욱 높인다. 'Thou'는 지금의 'you', 'hast'는 'have', 'wilt'는 'will'에 해당한다. 성경은 하나님께서 우리의 기도를 들어주신다는 약속의 말씀으로 가득 차 있다.

  너희의 짐을 주님께 맡겨라 주님이 너희를 붙들어 주실 것이니, 주님은 의로운 사람이 망하도록 영영 그대로 버려두지 않으실 것이다(시 55:22, 새번역).

4행은 하나님께 기도를 드리되 '진지하게'(earnest) 해야 한다고 촉구한다. 'earnest'(진지한, 성실한)는 사심이 없이 하나의 목표를 향해 매진하는 태도를 암시한다. 전도서 저자는 하나님 앞에서 함부로 입을 놀리지 말고, 조급한 생각으로 무엇을 말하지 말라고 경고한다. 하늘에 계신 하나님은 높고 엄위하시며 땅에 있는 인간은 낮고 연약하기 때문이다(5:2). 이런 진지함이 결여된 기도가 바로 예수님이 언급하신 "중언부언"(마 6:7)하는 기도다.

기도는 우리가 이 세상에 살 동안에만 필요하다(5-6행). 천국에서는 영원히 주님과 함께 생활하기 때문이다. 화자는 천국에서 환희와 찬양 그리고 영원한 예배가 있을 것이라고 확언하며, 달콤한 마음으로 분깃(portion)을 취할 것을 고대한다(7-8행).

'portion'은 어떤 사람에게 할당된 몫을 뜻한다. 앞으로 펼쳐질 천국의 삶에서 우리 각자에게 배당된 찬양과 예배(worship)가 있다는 사실이 얼마나 놀라운가!

'worship'은 'service'와는 다르다. 'service'는 정해진 형식에 따라 드리는 예배다. 반면 'worship'은 하나님 앞에서 느끼는 존경과 감탄의 마음이 어우러진 종교적 감정을 뜻한다.

격식을 차린 예배(service)에 참여한 사람 중에 진정으로 하나님을 예배하지(worship) 않는 사람이 상당히 있을 수 있다는 점을 기억하라!

주일 예배에 참석했다고 해서 마치 그리스도인의 의무를 다한 것처럼 착각해서는 안 된다는 뜻이다.

- 은혜의 보좌 앞에 나아갈 수 있는 특권을 얼마나 활용하는가?
- 정말로 감미로운 마음으로 매주 하나님을 경배하는가?

[영미시로 경험하는 찬송가 12]

이 세상에 근심된 일이 많고

(찬송가 486장, Haven of Rest)
— 유랑 생활에서 안식의 항구로

<제1연>

죄 짐을 진 채 그토록 괴로워하고
슬프게 유랑하며 내 영혼은 인생의 바다에서 표류했네,
"날 선택하라"는 달콤한 음성을 들을 때까지.
그리고 나 안식의 항구에 들어왔네!

My soul in sad exile was out on life's sea,
So burdened with sin and distressed,
Till I heard a sweet voice, saying, "Make Me your choice,"
And I entered the Haven of Rest!

<후렴>

이제 내 영혼이 안식의 항구에 닻을 내렸으니
더 이상 망망대해를 표류하지 않으리.

사납고 맹렬한 깊은 바다를 폭풍우가 휩쓸지라도
나 항상 예수 안에서 안전하네.

I've anchored my soul in the Haven of Rest,
I'll sail the wide seas no more;
The tempest may sweep over wild, stormy, deep,
In Jesus I'm safe evermore.

<제2연>
그의 아늑한 품에 날 맡기고
믿음으로 그 말씀을 붙잡으니
족쇄들이 풀어졌고 내 영혼이 닻을 내렸네.
내 주님은 안식의 항구라.

I yielded myself to His tender embrace,
In faith taking hold of the Word,
My fetters fell off, and I anchored my soul;
The Haven of Rest is my Lord.

<제3연>
주께서 날 온전케 하신 이후, 내 영혼의 노래가
예수에 관한 축복받은 옛 이야기가 되었고,
안식의 항구에 있는 집을 소유할 자는 누구든지
그가 구원하시리.

The song of my soul, since the Lord made me whole,
Has been the old story so blessed,
Of Jesus, who'll save whosoever will have
A home in the Haven of Rest.

<제4연>

오, 구세주께 나아오라, 그가 꾸준히 기다리신다,
그의 거룩한 능력으로 구원하기 위해.
와서 안식의 항구에 네 영혼의 닻을 내리고
"내 사랑하는 이는 내 것이라"고 말하라.

O come to the Savior, He patiently waits
To save by His power divine;
Come, anchor your soul in the Haven of Rest,
And say, "My Beloved is mine."

[작품 배경]

이 시는 헨리 레이크 길모어(Henry Lake Gilmour, 1836~1920)가 1885년에 썼다. 그는 아일랜드 런던데리에서 출생했으며, 16세 대 미국으로 이주했다. 원래는 항해술을 배우기 위한 목적이었으나 페인트공으로 일을 시작했다. 남북 전쟁이 발발하자 전쟁에 참가했다가 포로가 되어 버지니아주 리치몬드의 리비 감옥에서 수개월을 보내기도 했다. 전쟁이 끝난 후에는 치과 의사가 되었고, 1869년 뉴저지주 위노나로 이사했다(Cyber Hymnal).

길모어는 1885년에 위노나감리교회 설립을 도왔고 주일학교 부장으로 헌신했다. 아울러 약 40년간 펜실베이니아와 메릴랜드에서 열렸던 부흥회에서 찬양대를 지휘했다. 찬양대 지휘자로 봉사할 때 쓰인 이 시는 많은 영혼이 주님께 돌아오기를 기원한다.

이 시는 한국 찬송가에 번역되어 실렸는데, 원문과 너무 달라 도저히 번역시라고 할 수 없을 정도다. 완전히 새로운 시가 되어 버렸다. 한국 찬송가는 '미래의 천국'을 소망하는 내용으로 되어 있고, 그 결과 '미래와 소망'이란 주제에 포함되었다. 그런데 원문은 이 세상에서 누리는 천국의 삶을 소개한다. 원래는 다섯 연으로 구성되었는데, 대체로 제1-3연과 제5연이 널리 읽힌다. 따라서 본서에서는 이 네 연을 소개하기로 한다.

영시는 다양한 시청각적 이미지를 통해 안식의 항구, 즉 예수님 안에서 누리는 평안한 삶과 이 세상의 고단한 일상을 대조한다. 시상의 흐름을 보면 시간순으로 전개된다. 시인 자신의 체험을 바탕으로 변화된 생활을 소개한 후, 다른 이들에게 예수님께 나아와 안식을 얻으라고 촉구한다. 압운을 살펴보면 후렴을 포함한 각 연의 2행과 4행이 각운을 이루며 부드럽게 진행된다.

[작품 해설]

제1연은 파란만장했던 작시자의 인생 여정을 암시하며 그가 예수님을 영접하게 된 순간을 소개한다. 특히, 1-2행은 시인의 생애, 즉 항해술을 배울 목적으로 아일랜드에서 미국으로 이주하고, 페인트공으로 일하다 남북 전쟁에 참가해 포로가 되었던 상황을 이해하면 더욱 애절하게 다가온다.

화자는 예수님을 영접하기 전 자신의 영혼이 "슬프게 유랑하며"(in sad exile) 인생의 바다에서 표류했다고 고백한다. 'exile'(1행)은 '망명', '유랑'의 뜻인데, 정치적으로 추방당하거나 경제적 이유로 자신의 고국을 떠난 상황을 함축한다. 이러한 의미는 타락한 인간의 영적 상태와 잘 어울린다. 에덴동산에서 죄를 짓고 하나님 앞에서 추방당한 아담과 하와를 상기시키기 때문이다(창 3:24). 아담의 아들 가인은 자신의 동생을 죽인 후에 하나님의 저주를 받아 '평안을 누리지 못하는 방랑자'의 삶을 살았다(창 4:12, NIV).

3행은 죄 짐을 지고 괴로워하며 방황하는 인간에게 찾아오시는 다정한 예수님의 이미지를 제시한다. 그분은 우리의 마음 문을 두드리며 "날 선택하라"고 달콤하게 속삭이신다. 시인은 예수님의 음성을 직접 화법으로 들려준다. 지금도 들려오는 그 음성과 노크 소리는 죄인들이 회개하기를 기다리시는 주님의 끈질긴 사랑을 반영한다.

마지막 행은 그리스도를 영접한 성도가 누리는 기쁨과 평안을 전달한다. 감탄 부호를 사용해 주님을 믿기로 한 결단과 그 벅찬 감정을 시각화한다.

그렇다!

예수님을 구세주로 받아들이는 것은 인간의 모든 관계와 종교적 의무까지도 우선순위의 재조정을 요구하는 엄청난 결단이다(양용의, 189).

"안식의 항구"란 표현은 시편 107:30과 히브리서 4:3에서 기인한다. 시편 저자는 하나님께서 고난을 통해 삶의 교훈을 배운 인간들을 '그들이 바라던 항구', 곧 진정한 행복이 있는 장소로 인도하신다고 노래한다(107:30). 히브리서는 그리스도를 영접한 사람이 '그 안식'(that rest), 즉 하나님이 주시는 내적 평안을 얻는다고 약속한다(4:3, AMP). 1-2행의 내용과 4행의 "안식의 항구"는 극명한 대조를 이룬다.

제1연에서 시적 기교를 발견할 수 있다. 시인은 1-3행에서 유독 자음운(s)을 여러 차례 사용한다(soul, sad, sea, so, sin, sweet, saying). 이 대목은 화자가 예수님의 음성을 듣고 결단할 때까지 인생의 거친 바다에서 표류했다는 내용이다. 영어 자음 's'는 마찰음으로 공기가 마찰되며 만들어진다. 이러한 기교는 망망대해의 거친 파도 속에서 힘겹게 노를 젓는 인간의 삶을 시청각적으로 보여 준다.

후렴은 안식의 항구에서 누리는 평온한 삶과 이 세상에서의 힘든 삶을 대조하며 독자들에게 선택하라고 요구한다. 한국 찬송가의 가사에는 이러한 대조가 전혀 없다. 화자는 자신이 이미 안식의 항구에 닻을 내렸으니 더 이상 망망대해를 표류하지 않겠다고 다짐한다. "안식의 항구"가 예수님임을 분명히 밝힌다(4행).

3행은 시청각적 시어들을 사용해 이 세상에서의 일상을 풍랑이 이는 거친 바다에 비유한다. 때로 "사납고", "맹렬한", "깊은" 바다를 "폭풍우"(tempest)가 휩쓸고 지나간다고 말한다. 이런 이미지들은 약탈자들이 산재한 무한 경쟁 사회에서 끊임없이 자신을 지키며 싸워야 하는 고달픈 현실을 상징한다. 'tempest'는 강력한 비바람인데, 특히 바람과 비, 눈이나 우박이 섞인 경우를 말한다.

3-4행은 예수님이 풍랑을 잔잔케 하신 사건을 떠올리게 한다(마 8:23-27). 예수님과 제자들이 탄 배가 갈릴리 바다를 건널 때 한복판에서 엄청난 폭풍이 닥쳐왔다. 그 결과 배가 파도에 완전히 뒤덮여 가라앉기 직전이었다. 그런데 예수님은 '계속' '깊이 주무시고' 계셨다(마 8:24, JMNT). 심각한 위기 상황에서 태연자약하게 주무시는 주님의 모습은 역설 중의 역설이 아닐 수 없다(Hagner, 394). 맞는 말이다. "안식의 항구"는 특정 지역을 가리키지 않는다. 어디에 있든지 예수님 안에 거하는 것, 그것이 바로 진정한 평안을 누리는 유일한 방법이다.

제2연은 예수님을 영접한 이후의 생활을 묘사한다. 자기의 모든 것을 그분의 아늑한 품에 '맡기고"(yield), 믿음으로 "그 말씀(예수님의 말씀)을" 붙잡았다고 확언한다. 이러한 태도는 스스로의 힘으로 망망대해를 표류하던 제1연 1-2행의 모습과 정반대다. 'yield'(1행)는 양보하는 이가 존경과 애정을 느끼며 상대방에게 통제권을 완전히 넘기는 행위를 의미한다.

모세의 후계자 여호수아는 임종을 앞두고 이스라엘 백성에게 어느 신을 섬길지 선택하라고 촉구한다. 이스라엘 백성 중에 있는 모든 이방신을 제거하고 그들의 마음을 주님께 '바치라'(yield)고 호소한다(수 24:23, NIV). 예수님의 제자가 되는 것은 삶의 운전대를 그분께 넘겨 드리는 것을 말한다.

1행의 후반부는 예수님을 의지하는 것을 그분의 "아늑한 품"(tender embrace)에 안기는 것에 비유한다. 'embrace'(포옹, 껴안다)는 탕자가 집으로 돌아왔을 때 그를 측은히 여겨 달려가 껴안고 입을 맞춘 아버지의 모습을 연상케 한다(눅 15:20). 누가복음에 등장하는 아버지는 당시 가장의 체면에도 불구하고 자식에 대한 뜨거운 사랑을 억누르지 못해 계속 입을 맞추었다(EXB). 그리스도인이 하나님의 말씀을 '붙잡아야'(2행) 하는 이유는, 우리가 하나님의 말씀을 붙잡을 때 그 말씀이 우리를 붙잡기 때문이다(Duvall, 9).

화자는 주님의 품에 안긴 순간 자신을 묶고 있던 "족쇄들"(fetters)이 떨어져 나갔다고 이야기한다(3행). 시인은 자음운(fetters, fell)을 사용해 족쇄들이 확실히 떨어져 나간 상황을 보여 준다. 'fetter (족쇄, 속박)는 죄악이 주는 억압과 굴레를 암시한다. 이 내용은 제1연 2행의 죄 짐을 지고 괴로워하는 장면과 직결된다. 예수님은 자신의 사명에 대해 "포로 된 자에게 자유를, 눈 먼 자에게 다시 보게 함을 전파하며 눌린 자를 자유롭게"(눅 4:18) 하기 위함이라고 선언하셨다.

후렴에서 예수님을 "안식의 항구"라고 소개했던 화자는 4행에서 '나의 주님'이 "안식의 항구"라고 선포한다. '주님'(Lord)이란 용어는 예수님과의 관계가 주종 관계임을 함축한다. 신약 시대 노예 시장 아고라에서 몸값을 주고 노예를 사면 노예를 산 사람이 새 주인이 되는데, '주님'이란 용어는 이 상황을 반영한다(고영민 2015, 1166).

제3연은 우리를 온전케 하시는 주님을 소개하며, 예수님을 구주로 영접한 이후 복된 삶을 누린다고 서술한다. 영혼의 노래가 오랫동안 지속되었다고 말한다. 안식의 항구에 들어오기를 원하는 자들을 그분께서 기꺼이 구원하신다는 진리를 선포한다.

1행은 우리를 "온전케"(whole) 하시는 주님을 찬양한다. 'whole'(온전한)은 완전하면서도 보기에 좋고 감동을 줄 만한 상태를 암시한다. 이 시어는 제1연에 묘사된 가련한 상황과는 판이하다. 예수님은 인생의 망망대해에서 유랑하며 찢기고 상한 심령을 치료하여 온전케 해 주신다. 베드로전서 5:10은 하나님께서 성도가 고난을 통과할 때 상처가 난 부분을 치유하고 부족한 것을 보충해 "친히 온전하게" 해 주신다고 단언한다.

하나님의 사랑을 받은 화자는 구원을 받은 이후 계속해서 그분의 은혜를 찬양한다(2행). 영혼의 노래가 "옛 이야기"(old story)가 되었다는 말은, 예수님을 영접한 이후부터 지금까지 찬양의 노랫소리가 끊이지 않았다는 의미다. 'story'는 이야기인데, '처음-중간-끝'의 구조를 갖춘 말이나 글의 덩어리를 지칭한다. 이는 구원받기 이전과 이후의 삶에 상당한 변화가 있었음을 암시한다.

3-4행은 안식의 항구에 거하기 원하는 자들을 예수님이 구해 주신다고 이야기한다. 주님을 믿지 않는 이들에게 하나님의 사랑을 소개한다. "안식의 항구에 있는 집"(4행)은 제2연 1행에 있는 '주님의 아늑한 품'을 가리킨다.

한국 찬송가 3절은 이 세상을 '죄악된 일이 많고 정말로 죽을 일이 쌓여 있는 곳'으로 묘사하며 미래의 천국을 소망하게 한다. 그러나 영시는 이와 다르다. 그리스도인은 죄악이 가득한 이 세상에서도 안식의 항구에서 평안을 느끼며 천국의 삶을 누려야 한다. 비록 미래의 천국만큼 완벽하지는 못하지만 말이다. 하나님의 통치가 미치는 곳이 천국이기 때문이다.

제4연은 이 시를 읽는 독자들을 적극적으로 초청하며 구세주께 나아와 신앙을 고백하라고 촉구한다. 예수님께서 지금도 끈질기게 기다리며, 그분의 거룩한 능력으로 죄인을 구원하신다고 주장한다.

'patiently'(참을성 있게)는 늦어지는 것에 짜증을 내거나 화내지 않고 침착하게 참아 주는 자세를 의미한다. 상대방의 부족한 점을 알고 끝까지 인내하는 태도를 함축한다. 죄인이 회개하고 돌아오기를 기다리시는 주님의 마음이 이렇다. 하나님은 노아 시대에 인류를 홍수로 멸하기 전, 노아가 방주를 만드는 120년 동안 꾸준히 참으며 그들이 회개하기를 기다리셨다(벧전 3:20). 노아 시대에 120년을 기다렸던 하나님은 지금도 인내하며 기다리신다.

화자는 우리를 구원하시는 하나님의 '신적 능력'(divine power)을 언급한다(2행). 'divine'(신성한, 거룩한)은 초자연적, 초인간적 속성을 강조한다. 예수님이 우리를 구원할 수 있는 이유는 그분이 완전한 인간이며 동시에 하나님이시기 때문이다. 이 거룩한 능력은 그분이 우리를 구원하실 때만 나타나지 않는다. 바울은 그리스도인이 어둠의 권세와 싸울 때 하나님께서 주신 '신적 능력'을 통해 승리한다고 선포한다(고후 10:4, NIV).

4행의 인용문이 참으로 귀하다. 이 내용은 제1연 3행의 인용문과 절묘한 조화를 이룬다. 제1연에서 예수님은 죄인을 찾아와 "날 선택하라"고 달콤하게 속삭이신다. 이제 시인은 "내 사랑하는 이는 내 것이라"(My Beloved is mine)고 말하며 그 초청에 응답하라고 호소한다. 이런 기교는 제1-4연 전체를 하나로 묶는다. 마치 예수님의 사랑으로 감싸는 듯한 효과를 보여 준다.

"내 사랑하는 이"(My Beloved)란 표현은 예수님이 요단강에서 세례를 받으실 때 하늘에서 들렸던 음성을 상기시킨다. "이는 '내 사랑하는' 아들이요 내 기뻐하는 자라"(마 3:17, NASB). 기독교 신앙은 '나와 하나님의 관계'이다. 예수님이 누구이고, 어떤 일을 하셨고, 하나님의 아들이라는 것을 아는 것만으로는 부족하다. 그분이 나와 어떤 관계인가가 중요하다. 4행의 인용문은 일종의 신앙 고백이다. 제4연에서 2행의 'divine'과 4행의 'mine'이 각운을 이루는데, 이는 예수님을 영접하는 자에게 거룩한 능력이 주어진다는 진리를 암시한다.

🍃 "날 선택하라"는 예수님의 초청을 받은 적이 있는가?
🍃 최근에 하나님의 능력을 경험한 적이 있는가?

[영미시로 경험하는 찬송가 13]

그 크신 하나님의 사랑

(찬송가 304장, The Love of God)
― 정신 병원 벽에서 발견된 시

<제1연>

하나님의 사랑은 말이나 글로
표현할 수 있는 것보다 훨씬 더 광대하네.
가장 높은 별보다 더 높고
가장 낮은 지옥에까지 미치네.
근심에 눌려 있던, 죄를 범한 그 한 쌍
하나님이 구하려 그의 아들을 보내셨네.
그의 죄 많은 자녀를 그가 화목케 하였고
그의 죄를 용서하셨네.

The love of God is greater far
Than tongue or pen can ever tell;
It goes beyond the highest star,
And reaches to the lowest hell;

The guilty pair, bowed down with care,
God gave His Son to win;
His erring child He reconciled,
And pardoned from his sin.

<후렴>
오, 하나님의 사랑은 얼마나 풍성하고 순수한가!
얼마나 광대하고 견고한가!
그 사랑, 성도와 천사들의 찬송을
영원토록 받으리라.

O love of God, how rich and pure!
How measureless and strong!
It shall forevermore endure—
The saints' and angels' song.

<제2연>
수많은 세월이 지나
이 세상의 왕좌와 왕국이 사라지고
여기서 기도하기를 거부하는 인간들이
바위와 언덕과 산에서 외칠 때,
그토록 광대하고 견고하며
확실한 하나님의 사랑은 여전히 지속되네.
아담의 후예에게 베푸신 구속의 은총
성도와 천사들의 노래가 되리.

When years of time shall pass away,
And earthly thrones and kingdoms fall,
When men, who here refuse to pray,
On rocks and hills and mountains call,
God's love so sure, shall still endure,
All measureless and strong;
Redeeming grace to Adam's race—
The saints' and angels' song.

<제3연>
대양을 잉크로 가득 채우고
양피지로 하늘을 만들며,
땅의 식물 줄기가 다 깃펜이고
모든 사람이 다 필경사라 해도,
위에 계신 하나님의 사랑을 기록하려면
대양의 물이 마르리라.
두루마리를 하늘 이 끝에서 저 끝까지 편다 해도
그 사랑을 다 기록할 수 없으리라.

Could we with ink the ocean fill,
And were the skies of parchment made,
Were every stalk on earth a quill,
And every man a scribe by trade,
To write the love of God above,
Would drain the ocean dry.
Nor could the scroll contain the whole,

Though stretched from sky to sky.

[작품 배경]

이 시는 프레드릭 레만(Frederick M. Lehman, 1868~1953) 목사가 미국 캘리포니아주 패서디나에서 1917년에 썼다. 그러나 완전한 그의 창작물로 보기는 어렵다. 기존의 시를 약간 수정해 제3연으로 만들고, 여기에 제1-2연을 추가한 형태라 할 수 있다. 제3연은 유대인의 시 〈하다무트〉(Haddamut)에 기초하고 있다.

레만은 1868년 독일 메클렌부르크에서 출생했다. 네 살 때 부모님을 따라 미국으로 이주해 아이오와에 정착하여 어린 시절 대부분을 그곳에서 보냈다. 그리고 열한 살 때 그리스도를 영접했다. 그는 일리노이주 네이퍼빌에 있는 노스웨스턴대학에서 신학을 공부했고, 아이오와주의 오듀본, 인디애나주의 뉴 런던, 미주리주의 캔자스시티에서 목회했다. 생애 대부분을 찬송가 쓰는 일에 몰두했다. 1898년 아이오와주의 킹즐리에서 목회할 때 찬송시를 쓰기 시작해 수백 편의 작품을 출간했으며, 다섯 권의 책을 편집했다. 1911년에는 캔자스시티로 이사해 나사렛출판사의 창립을 도왔다(Hymnary).

1948년 그는 "시 〈하나님의 사랑〉의 작시 배경"이란 글을 통해 이 시를 쓰게 된 사연을 밝혔다(Osbeck 1985, 271).

> 지금부터 약 50년 전, 중서부 지역에서 부흥 집회가 열리고 있을 때 한 전도자가 이 시의 마지막 연을 인용하며 자신의 설교를 마무리했다. 나는 그 시구에 깊은 감동을 받고 미래 세대를 위해 이 구절을 보존해야겠다고 마음먹었다.

우리 가족이 캘리포니아로 이사 온 후에야 비로소 나는 이 소망을 성취시킬 수 있었다. 그 당시 살림 형편이 좋지 않아 우리 가족 모두 힘든 육체노동에 종사해야 했다. 어느 날 작업을 하다가 잠시 쉬는 틈을 이용해 나는 종잇조각 하나를 집어 들었다. 그리고 벽에 기대어 놓은 빈 레몬 상자 위에 앉아 몽당연필로 기존의 시에 첫 두 연과 후렴을 첨가했다.

이 시의 제3연은 유대인의 시에서 인용한 것인데, 어느 정신 병원 병실 벽에 연필로 적혀 있었다고 한다. 아마 그 병실의 환자가 제정신이었을 때 영어로 써 놓았으리라 생각되는데, 그가 세상을 떠난 후에 발견되었다.

유대인의 시 〈하다무트〉는 11세기 독일 보름스의 유대인 랍비 마이르 벤 이짜크 네호라이가 아람어로 쓴 것으로 알려져 있다. 이 시는 90행으로 된 이행 연구(couplet)인데, 하나님의 영원하신 사랑과 선민에 대한 관심을 강하게 반영한다. 그 일부를 소개하면 다음과 같다. 레만 목사가 쓴 이 찬송시 제3연은 이 대목을 약간 수정한 것이다.

> 하늘이 양피지이고 / 갈대, 나뭇가지, 잎사귀가 다 깃펜이며
> 대양의 물이 잉크이고 / 모든 사람이 노련한 필경사라 해도,
> 하나님의 위대하신 영광을 드러내는 / 그 놀라운 이야기를
> 다 기록할 수 없으리라.
> 이는 가장 높으신 그분이 / 홀로 이 땅과 하늘을
> 예전에 창조하셨기 때문이라.

레만 목사가 쓴 시는 하나님의 사랑이 얼마나 광대하고 왜 측량할 수 없는지를 노래한다. 제1연은 그 사랑의 높이와 깊이를 언급하며 예수님의 십자가가 그 증거라고 선언한다. 제2연은 하나님의 사랑이 얼마나 오랫동안 지속되는지 보여 주며, 종말에 있을 끔찍한 심판 장면을 제시한다. 제3연

은 이 시의 결론으로 우리에게 베풀어진 그분의 사랑을 다 기록할 수 없다고 역설한다. 압운을 살펴보면 각 연에서 1행과 3행, 2행과 4행, 6행과 8행이 각운을 이룬다. 제1연과 제3연은 시각적 이미지, 제2연은 청각적 이미지가 주류를 이룬다.

[작품 해설]

제1연은 하나님의 사랑을 왜 측량할 수 없는지 설명한 후, 그 사랑이 실제로 드러난 사례를 제시한다. 1-4행은 시각적 이미지를 활용해 하나님 사랑의 높이와 깊이를 서술한다. 1행의 'far'(훨씬)는 비교급을 강조한다. 따라서 원래는 'far greater'가 되어야 하는데, 'star'와 운을 맞추기 위해 'far'가 뒤로 배치되었다. 1-2행은 시의 주제이며 이 내용이 제3연에서도 반복된다.

화자는 하나님의 사랑을 우주적 차원에서 설명한다(3-4행). 가장 높은 "별"과 가장 낮은 "지옥" 이미지를 끌어와 그 사랑의 높이와 깊이를 비유적으로 묘사한다. 그분의 사랑이 인간이 상상할 수 있는 가장 높은 별보다 더 높고, 가장 낮은 지옥에까지 미칠 정도라고 말한다. 한국 찬송가의 가사는 원문에 나타난 사랑의 높이와 깊이를 제대로 보여 주지 못한다.

성경은 그리스도의 사랑을 4차원으로 설명하며 그 사랑의 폭과 길이, 높이와 깊이를 언급한다(엡 3:18-19). 그 넓이는 모든 사람을 포용하고, 길이는 영원무궁하며, 깊이와 높이는 어떤 피조물도 잴 수 없고 상상조차 할 수 없다(고영민 2015, 1410). 시편 103:11은 하나님을 경외하는 자를 향한 그분의 변함없는 사랑이 "하늘이 땅에서 높음"같이 광대하다고 선포한다.

제1연의 후반부는 하나님의 무한한 사랑이 십자가를 통해 어떻게 나타났는지 입증한다. 하나님의 사랑은 인간의 이해력을 초월하기에 그 사랑이 가장 깊고 친숙하게 표현된 십자가를 바라볼 때만 올바로 깨달을 수 있다.

5-6행은 에덴동산에서 최초의 인간이 선악과를 따 먹고 타락한 장면으로 우리를 안내한다. "근심에 눌려 있던, 죄를 범한 그 한 쌍"(5행)이란 선악과를 먹고 두려워하여 하나님의 낯을 피해 숨었던 아담과 하와를 가리킨다(창 3:10). 동시에 무거운 짐을 지고 지쳐 쓰러질 지경에 있는 아담의 자손을 함축한다(마 11:28). 이 표현은 모든 인간이 아담의 원죄를 물려받았다는 점과, 그러기에 그들에게 하나님의 은혜가 필요하다는 사실을 시사한다.

하나님은 타락한 인간을 '구원하기'(win) 위해 독생자를 보내셨다(6행). 시인은 'sin'(8행)과 각운을 맞추기 위해 의도적으로 'win'(얻다)이란 단어를 선택한다. 이는 전투나 경쟁에서 상대방을 물리치고 원하는 것을 획득하는 행위를 의미한다. 이 시어에는 하나님의 구원 사역에 사탄의 방해가 있었다는 점과 예수님이 사탄을 물리치셨다는 진리가 내포되어 있다.

7-8행은 타락한 죄인들이 십자가를 통해 죄 사함을 받고 하나님과 화목케 되었다고 이야기한다. 'erring'은 '정도에서 벗어난', '죄 많은'이란 뜻이다. "그의 죄 많은 자녀"(His erring child)는 아담의 후손으로서 십자가 복음을 받아들이고 하나님께 나아온 성도를 가리킨다. 'reconcile'(7행)은 '화해시키다', '화목하게 하다'의 뜻인데, 'erring'과 조화를 이룬다. 정도에서 벗어나 하나님과 단절된 인간을 본래의 위치로 바로잡아 주는 상황을 시사한다.

여기서 시적 기교를 발견할 수 있다. 제1연에서 오직 5행(care)과 7행(reconciled)만이 각운을 이루지 못한다. 이를테면 다른 부분과 동떨어져 있다. 1행과 3행, 2행과 4행, 6행과 8행이 규칙적으로 각운을 이루는데 말이다. 이 기교는 하나님과 분리된 타락한 인간의 영적 실상과 그분과의 화해가 절실하게 필요하다는 점을 시각화한다.

제2연은 하나님 사랑의 길이에 대해 언급하며, 그 사랑이 얼마나 오래 지속되고 강한지를 노래한다. 이 내용은 요한계시록 6장을 배경으로 하는데, 한국 찬송가의 가사로는 이러한 뉘앙스를 발견하기 어렵다.

1-4행은 요한계시록 6:15-17을 반영하며, 하나님을 거절한 자에게 임하는 무서운 심판과 진노의 날을 시청각적으로 묘사한다. 먼저, 성경 본문을 살펴보자.

> 모든 사람이 동굴과 산의 바위틈으로 숨었습니다. 이 땅의 왕들, 지배자, 장군, 부자, 권력자, 종, 자유인 할 것 없이 모두 숨어들었습니다. 그들은 산과 바위를 향하여 "우리 위에 무너져 다오. 보좌에 앉으신 이의 얼굴을 보지 않도록 우리를 숨겨 다오. 어린양의 노여움에서 우리를 제발 지켜 다오. 큰 진노의 날이 다가왔으니, 누가 그 진노를 견뎌 내겠는가?"라고 울부짖었습니다(계 6:15-17, 쉬운성경).

이 장면은 어린양이신 예수님이 일곱 개의 인이 찍혀 봉해진 책을 펴는 순간 벌어진 상황이다. 어린양이 여섯째 봉인을 떼었을 때 달이 온통 핏빛으로 변했다. 그리고 하늘은 두루마리가 말리듯이 사라졌으며, 모든 산과 섬은 제자리에서 옮겨졌다(계 6:12-14). 그러자 이 땅에 사는 각 부류의 사람들이 두려워하며 숨었다.

요한계시록에 등장하는 사람들은 이 땅의 왕과 권력자들이 포함된 모든 계층으로 그리스도를 믿지 않는 자다. 2행에 나오는 "이 세상의 왕좌와 왕국"이란 구절이 요한계시록의 내용을 반영한다.

이들은 종말에 있을 고통과 심판을 면해 보려고 하나님의 얼굴을 피해 바위틈에 몸을 숨기고 산과 바위를 향해 부르짖는다. 제발 자신들 위에 무너져 내려서 보좌에 앉으신 분의 얼굴과 어린양의 진노로부터 숨겨 달라고 말이다. 기도하기를 거부하던 자들이 언덕과 산에서 외치는 소리가 바로 이것이다(4행). 이들의 외침은 마지막 때에 있을 하나님의 심판과 종말의 재앙이 얼마나 참혹한가를 보여 준다.

화자는 예수님을 믿지 않는 자들을 '이 세상에서 기도하기를 거부하는 인간들'(3행)이라고 설명하는데 매우 의미심장하다. 이 구절은 이 땅에서 믿음을 지키다가 죽임을 당한 순교자들이 하나님께 기도하는 장면(계 6:9-10)과 극적인 대조를 이룬다. "기도하기를 거부하는"(refuse to pray) 자는 하나님이 보시기에 가장 교만한 사람이다. 'refuse'는 확고하고 무례한 태도로 받아들이기를 거부하는 행위를 의미한다.

후반부(5-8행)는 전반부(1-4행)의 내용을 바탕으로 그토록 '광대하며' '견고한' 하나님의 사랑이 여전히 지속된다고 역설한다. 전반부와 후반부는 확연한 대조를 보여 준다. 전반부의 분위기가 암담하고 참혹하다면, 후반부는 밝고 환희에 차 있다. 이러한 기쁨을 반영해 5-8행은 자음운(s)을 여러 차례(so, still strong, saint, song) 활용한다.

불신자들은 마지막 심판이 두려워 처참하게 울부짖는다(4행). 하지만 성도와 천사들은 그분의 영원한 사랑을 찬양한다(8행). 요한계시록에 등장하는 순교자들이 하나님께 기도한다면, 불신자들은 무생물에게 살려 달라고 호소한다. 시인은 이들의 대조적인 목소리를 상상하게 한다. 그분의 사랑이 마지막 심판 때까지 변함없이 지속됨을 알려 준다.

7행은 아담과 예수 그리스도를 대비해 십자가의 엄청난 위력을 보여 준다. 제1연에서 "죄를 범한 그 한 쌍"이라고 표현했던 화자는 이제 '아담'(Adam)이란 이름을 소개한다. 하나님의 "구속의 은총"이 아담의 후손에게 임한 죄악의 사슬을 끊어 버렸다고 단언한다.

제3연은 이 시의 결론으로 하나님의 사랑을 다 기록할 수 없다고 선언한다. 인간이 상상할 수 있는 모든 필기구를 동원해 그 말이 사실임을 입증한다. "양피지"(parchment), "필경사"(서기관, scribe), "두루마리"(scroll)와 같은 표현은 성경 시대를 떠올리게 한다.

이 내용은 요한복음 21:25을 상기시킨다. 사도 요한은 예수님께서 행하신 일이 자신의 복음서에 기록된 것 외에도 수없이 많다고 이야기한다. 그 일들을 낱낱이 기록한다면 그 기록한 책을 이 우주에 다 담아 두지 못할 정도라고 장담한다(VOICE).

예수님이 이 땅에서 행하신 일을 적는 것만 해도 이 정도라면, 수천 년 동안 베풀어진 하나님의 사랑은 오죽하겠는가?

5행의 "위에(above) 계신 하나님"이란 표현은 에베소서 4:6을 반영한다. 바울은 만유의 아버지이신 하나님이 모든 것 위에(above all) 있고, 모든 것을 통해(through all) 일하며, 모든 것 안에(in all) 계신다고 알려 준다. '모든 것 위에'는 하나님의 초월성, '모든 것을 통해'는 편재성과 전능성, '모든 것 안에'는 그분의 내재성을 나타낸다(고영민 2015, 1414).

작시 배경에서 언급했듯이 제3연은 어느 부흥 집회 설교자가 언급한 것에서 비롯되었다. 그런데 이 인용구는 정신 병원의 병실 벽에 적혀 있었고, 유대인의 시 〈하다무트〉에서 인용된 것으로 밝혀졌다. 〈하다무트〉에 기록된 시는 유대인들이 하나님의 거룩하신 이름을 지키기 위해 수 세기 동안 받았던 핍박을 배경으로 한다.

수많은 고통과 어려움 속에서도 하나님의 사랑을 느끼며 그 사랑에 감격하는 마음 자세가 얼마나 애틋한가?

🌿 언제라도 떳떳하게 하나님의 낯을 볼 자신이 있는가?
🌿 위에 계신 하나님을 믿는다면 당신의 삶이 어떻게 달라져야 하는가?

[영미시로 경험하는 찬송가 14]

아 하나님의 은혜로

(찬송가 310장, I Know Whom I Have Believed)
— 남부연합군 감옥에서의 회심

<제1연>

왜 하나님의 놀라운 은혜를
그가 내게 알게 하셨는지 나 모르네.
왜 무가치한 날 그리스도께서 사랑으로
대속하여 그의 소유 삼으셨는지도 나 모르네.

I know not why God's wondrous grace
To me He hath made known,
Nor why, unworthy, Christ in love
Redeemed me for His own.

<후렴>

하지만 내가 믿는 분을 나 알고 있고,

내가 그에게 맡긴 것을 그가
그날까지 능히 지켜 주시리란
확신을 내가 받았네.

But I know whom I have believed,
And am persuaded that He is able
To keep that which I've committed
Unto Him against that day.

<제2연>
이 구원 얻는 믿음을 그가 어떻게
내게 주셨는지 나 모르고,
그의 말씀을 믿는 것이 어떻게
내 마음을 평안케 하였는지도 나 모르네.

I know not how this saving faith
To me He did impart,
Nor how believing in His Word
Wrought peace within my heart.

<제3연>
성령께서 어떻게 작용하여 우리 죄를
깨닫게 하는지 나 모르고,
그 말씀을 통해 예수를 계시하여
그를 의지하는 믿음을 창조하시는지도 나 모르네.

I know not how the Spirit moves,
Convincing us of sin,
Revealing Jesus through the Word,
Creating faith in Him.

<제4연>
날 위해 좋은 일 혹은 나쁜 일이
예비되어 있을지 나 모르고,
그의 면전에서 힘든 삶 혹은 전성기를
맞을지도 나 모르네.

I know not what of good or ill
May be reserved for me,
Of weary ways or golden days,
Before His face I see.

<제5연>
내 주님이 언제 오실지 나 모르네
밤일지 혹은 맑은 낮일지.
그와 함께 그 골짜기를 걸을지 혹은
공중에서 그를 만날지도 나 모르네.

I know not when my Lord may come,
At night or noonday fair,
Nor if I walk the vale with Him,
Or meet Him in the air.

[작품 배경]

　이 시는 다니엘 휫틀(Daniel W. Whittle, 1840~1901)이 1883년에 썼다. 그는 미국 매사추세츠주 치코피 폴즈에서 태어나 십 대에 부모님과 함께 시카고로 이사해 은행 출납계원으로 일했다. 21세 때에는 남북 전쟁이 발발하자 북군에 지원해 소령까지 진급했다. 이 때문에 그는 여생 소령 휫틀이란 별명을 들으며 살았다(Reynolds 1990, 120).

　제대 후에는 시카고에 있는 시계 회사에 취직해 경리 사원으로 약 10년간 근무했다. 1873년 시카고에서 무디 목사가 이끄는 전도 집회가 열렸는데, 그는 목사님의 설교에 감동을 받고 전도 대열에 합류했다. 그는 무디 목사와 함께 부흥 집회를 인도하며, 설교 후에도 말씀의 진리가 청중의 마음에 오래 남아 있게 하려고 약 200편의 찬송시를 썼다.

　휫틀이 예수님을 구주로 영접한 감동적인 일화를 소개한다. 남북 전쟁 기간에 그는 오른팔을 잃고 포로로 잡혀 수용소 병원에 입원한 적이 있었다. 회복 기간 중 심심하던 차에 군 입대 전 어머니가 건네준 신약성경을 읽었다. 성경 구절이 그의 마음을 두드렸지만, 예수님을 받아들이지 않았다.

　잠시 후, 한 간호병이 그를 깨우며 옆 침상에서 포로 소년이 죽어가고 있으니 그를 위해 기도해 달라고 부탁했다. 휫틀이 거절하자, 그 간호병은 휫틀이 성경 읽는 것을 보고 기독교인으로 생각했다고 말해 주었다. 휫틀은 마지못해 동의한 후 무릎을 꿇고 그 소년의 손을 잡았다. 그는 먼저 더듬거리며 자신의 죄를 회개하고 그 소년을 위해 기도했다. 기도를 마친 후 그는 이미 세상을 떠난 소년을 바라보았다. 소년의 평온한 얼굴을 보는 순간, 하나님께서 이런 과정을 통해 자신을 부르셨음을 깨닫고 그리스도를 영접했다(Morgan, 191).

이 시는 시인이 자신의 삶을 되돌아보며 하나님께서 베풀어 주신 놀라운 구원의 은혜를 고백한다. 디모데후서 1:12에 기초하는데, 실제로 후렴에서 디모데후서의 구절을 KJV 역본으로 인용한다. 한국 찬송가는 네 절로 구성되었는데, 영시는 다섯 연으로 이루어졌다. 원문의 제4연이 한국 찬송가에 누락되었다.

시의 구성을 살펴보면 제1-5연과 후렴이 뚜렷한 대조를 이룬다. 제1-5연은 한결같이 '내가 모른다'는 선언으로 시작된다. 그러나 후렴은 '하지만 내가 안다'고 확실하게 고백한다. 우리는 하나님의 구원의 은혜가 왜 주어졌는지(제1연), 믿음이 어떻게 주어졌는지(제2연), 성령님이 어떻게 역사하시는지(제3연), 어떤 일이 닥칠지(제4연), 주님이 언제 오실지(제5연) 전혀 알 수 없다. 그렇지만 하나님이 누구인지 그리고 그분이 우리를 지켜주신다는 진리는 분명히 알고 있다(후렴).

시상의 흐름은 시간순에 의해 진행된다. 예수님을 영접한 순간(제1연) → 말씀을 통해 마음의 평안을 얻은 순간(제2연) → 성령님의 역사를 느끼는 순간(제3연) → 일상에서 누리는 하나님의 은혜(제4연) → 삶의 마지막 순간을 상상하며 느끼는 은혜(제5연). 압운은 후렴과 제3연을 제외하면 전체적으로 2행과 4행이 각운을 이룬다.

[작품 해설]

제1연은 시인이 그리스도를 구주로 영접했던 순간을 되돌아보며 하나님의 은혜를 찬양한다. 하나님이 왜 은혜를 베풀어 주었는지, 무가치한 자신을 대속해 주셨는지 그 이유를 알 수 없다고 토로한다. 우리가 하나님의 뜻을 알 수 없는 것은 지극히 당연하다. 그분의 지혜와 통찰력이 너무 심오해 인간이 그분의 의도를 파악하는 것이 불가능하기 때문이다(롬 11:33).

1-2행에서 화자는 하나님께서 놀라운 은혜를 자신에게 알게 하셨다고 이야기한다. 시인은 고어(hath)를 사용해 주님의 위엄과 권위를 더욱 높인다. 'hath'는 'have'의 3인칭 단수형으로 지금의 'has'에 해당한다. 그분께서 은혜를 '내게 알게 하셨다'(2행)는 구절은 마태복음 11:27을 반영한다. 예수님은 하나님 아버지를 '알려 주려고' 자신이 선택한 사람 외에는 아무도 그분을 알 수 없다고 선언하신다. 예수님의 선택과 계시가 없다면 누구도 그 은혜를 깨달을 수 없다는 뜻이다(Osborne, 491).

시인의 회심 과정을 보면 하나님의 오묘한 손길을 느낄 수 있다.

- 전쟁 중 오른팔을 잃어 포로수용소 병원에 입원하고,
- 어머니가 건네준 성경을 읽게 하며,
- 간호병의 요청으로 기도하게 하고,
- 소년을 통해 하나님의 부르심을 깨닫게 하신 그 섭리 말이다.

시적 화자는 하나님의 '놀라우신 은혜'를 찬양한다(1행).

3-4행은 가치 없는 자신을 그리스도께서 사랑으로 대속하셨다고 역설한다. 화자는 자신을 "무가치한"(unworthy) 존재로 평가한다. 'unworthy'는 '하찮은', '관심을 받을 자격이 없는'의 뜻이다. 이 시어는 살아 계신 하나님을 뵈었거나 예수님의 정체를 깨달은 사람이 느끼는 감정을 함축한다. 구약성경의 욥은 하나님을 뵙기 전에 자신의 개인적 영광과 명성을 자랑했다(19:9). 그러나 그분의 말씀을 듣고 자신이 '완전히 무가치한' 자란 사실을 고백한 후 스스로 입을 가렸다(40:4, NET).

마지막 행은 예수님의 십자가 대속 사건으로 화자가 '주님의 소유물'(His own)이 되었다고 주장한다. 'own'은 '자신의 것'이란 뜻으로 소유권을 강조한다. 이 의미는 'redeem'(대속하다)이란 단어와 직결된다. 성경은 그리스도인이 주님께 속한 존재란 점을 알려 주며, 우리가 사나 죽으

나 '주님의 것'이라고 확언한다(롬 14:8, JMNT). 시인은 2행의 'known'과 4행의 'own'이 각운을 이루게 해 이러한 주종 관계를 시각화한다. 한국 찬송가의 가사는 '주님의 소유물'이란 의미를 드러내지 못한다.

후렴은 디모데후서 1:12 후반부를 KJV 역본으로 인용하는데, 제1-5연과 뚜렷한 대조를 이룬다. 제1-5연에서 자신이 모른다고 고백한 화자는 후렴에서 '그러나 알고 있다'도 선언하며 확고한 신앙을 드러낸다. 다섯 번의 부정(I know not) 뒤에 나오는 강한 긍정(I know)이기에 더욱 강렬한 감정을 표출한다. 여기서 기억해야 할 점은 이 구절이 바울의 고난을 배경으로 한다는 사실이다. 디모데후서 1:12 전반부는 바울의 로마 감옥 생활을 암시한다.

사도 바울은 비록 자신이 고난을 당하지만, 그 고난을 부끄러워하지 않는다고 말하며 그 이유를 두 가지로 제시한다.

첫째, 자신이 누구를 믿는지 잘 알기 때문이라고 설명한다.
둘째, 자신이 그분께 맡긴 것을 그분이 그날까지 지켜 주시리라 확신하기 때문이라고 단언한다.

화자는 하나님이 자신을 지켜 주시리란 '확신을 받았다'(am persuaded)고 역설한다(2행). 이 문장에서 동사가 수동태임을 명심해야 한다. 화자 스스로 확신을 갖게 된 것이 아니라는 뜻이다. 개역개정을 비롯한 우리말 성경은 이 부분을 한결같이 '내가 확신한다'는 의미로 번역한다. 그러나 헬라어 성경을 보면 '확신하다'에 해당하는 헬라어가 미완료시제 수동태다. JMNT 역본은 원문의 시제를 살려 "내가 지금까지 설득당했고, 지금도 계속해서 확신을 받고 있다"로 번역한다. 한국 찬송가의 가사로는 이런 의미를 알 수 없다.

'persuade'(설득하다)는 의견 따위를 나누고 상대방의 이성이나 감정에 호소해 바람직한 행동을 취하게 하는 것을 의미한다. 하나님은 절대적인 사랑과 은혜로 자신의 자녀를 계속 설득해 기꺼이 순종하게 하신다. 'commit'(의탁하다)는 자신의 통제를 넘어선 어떤 힘에 보호해 줄 것을 맡기는 행위를 뜻한다.

여기서 기막힌 시적 기교를 발견할 수 있다. 시인은 2행을 행말무종지행으로 처리한다. "He is able to keep"에서 행갈이를 통해 'able'과 'to keep' 사이를 떼어놓는다. 그런데 이러한 시도는 아주 어색하다. 왜냐하면 "is able to"가 숙어이며, 하나의 동사처럼 쓰여 중간에 나눌 수 없기 때문이다. 이 기교는 2행과 3행을 더욱 강력하게 연결해 우리를 지켜 주시는 하나님의 끈질긴 사랑을 시각화한다.

제2연은 하나님께서 어떻게 믿음을 주셨는지, 성경 말씀을 믿는 것이 어떻게 마음의 평안을 주는지 알 수 없다고 고백한다. "구원 얻는 믿음"이란 그리스도를 인격적으로 신뢰하며 그분이 행하신 일을 전적으로 받아들이는 것을 의미한다. 그렇지만 이 믿음은 궁극적으로 그리스도의 말씀과 성령의 주권적인 역사에서 기인한다(롬 10:17). 'impart'(주다, 부여하다)는 감정이나 성질 따위를 전달하는 행위를 뜻한다.

3-4행은 하나님의 말씀을 믿는 것이 우리 마음에 평안을 제공한다고 이야기한다. 시인은 고어(wrought)를 사용해 성령의 역사를 승화시킨다. 'wrought'는 'work'의 과거형인데 '초래하다', '일으키다'의 뜻이다. 성경은 "평강의 하나님께서" 모든 면에서 올바르고 진실하게 살려고 하는 자에게 평안을 주신다고 약속한다(롬 15:33).

이 평안이 어떻게 임하는지 왜 알 수 없을까?

그것은 하나님께서 주시는 평안이 인간의 이해력을 뛰어넘기 때문이다. 그렇지만 꼭 기억해야 할 점은 성경이 말하는 평안이 걱정거리가 전혀 없는 상태가 아니라는 사실이다. 베드로의 경우를 살펴보라. 그는 헤롯에게 붙잡혀 감옥에 갇힌 몸으로 공개 처형될 날을 앞두고 있었다. 그런데 처형되기 전날 밤, 감시하는 두 병사 틈에서 쇠사슬에 묶인 채 곤히 잠을 잤다. 천사가 그의 옆구리를 쳐서 깨워야 할 정도로 말이다(행 12:6-7). MSG 역본은 이 대목을 번역하며 "베드로가 마치 아기처럼 잘 잤다"라고 처리한다.

어떻게 이런 일이 가능했을까?

우리가 그리스도 안에 거하여 반석 안에 둥지를 튼다면 혼돈과 걱정의 소용돌이 속에서도 하나님의 평강을 즐길 수 있다(Anders, 378).

제3연은 성령의 사역을 찬송하며 그분이 어떻게 역사하시는지 알지 못한다고 토로한다. 성령께서 하시는 일을 세 가지로 나누어 제시한다. 세 개의 'ing' 분사 형태가 이를 시각화한다.

첫째, 성령은 우리로 하여금 죄를 깨닫게 하신다(2행).
성령은 세상의 오류를 폭로하고 우리의 진정한 자아를 직면하게 하여 회개케 하신다(Barton 2005, 521).
둘째, 말씀을 통해 예수님을 계시하신다(3행).
성령은 우리를 모든 진리 가운데로 인도하신다(요 16:13).
셋째, 우리 안에서 믿음을 창조하신다(4행).
성령은 우리로 하여금 예수님을 믿게 하여 구원으로 인도하는 믿음을 소유하게 하신다.

성령의 이러한 활동은 '보혜사'란 용어 속에 암시되어 있다. '보혜사'에 해당하는 헬라어는 조력자, 대변자, 위로자, 상담자, 친구 등으로 번역될 수 있다.

성령이 어떻게 역사하시는지 인간이 이해할 수 없는 이유는 무엇일까?

하나님의 영이 사람들 사이에서 활동하는 것을 예수님은 바람을 통해 설명하신다. 바람이 불고 싶은 곳으로 불듯이 성령의 사역도 그러하다고 말씀하신다(요 3:8).

제3연만의 특징이 있는데, 다른 연과 다르게 각운을 활용하지 않는다는 점이다. 다른 연은 2행과 4행에서 규칙적으로 각운을 사용하는데 말이다. 시인은 이러한 기교를 통해 1-4행을 각각 떼어놓는다. 이는 예측할 수 없는 성령의 신비한 역할을 강조한다. 바꿔 말하면 성령이 각 사람에게 어떻게 작용하실지 알 수 없게 만든다.

제4연은 한국 찬송가에 누락되었는데, 장래에 닥칠 모든 일을 하나님이 주관하신다는 사상을 담고 있다. 화자는 미래에 좋은 일 혹은 나쁜 일이 닥칠지, 힘든 나날이나 전성기를 맞이할지 모른다고 고백한다. 이 내용은 유한한 인간과 전능하신 하나님의 능력을 극적으로 대조한다.

2행의 'reserve'(남겨두다)는 특별한 목적을 위해 따로 떼어놓는 것을 의미한다. 'weary'(3행)는 정신적 육체적으로 지치게 하는 것을 뜻하는데, 너무 오래 안 좋은 상황에 직면해 짜증이 나는 상태를 암시한다. 'golden days'는 화창한 나날들, 즉 전성기를 말한다.

4행은 매우 중요한 신학적 사상을 담고 있는데, 이 시의 핵심과도 같다. 화자는 자신에게 어떤 일이 닥칠지 알 수 없다고 말하면서도, 자신의 모든 행위가 하나님 앞에서 이루어진다고 확신한다. '그분의 면전에서'라는 구절은 신학 용어 '코람 데오'(*Coram Deo*, 하나님 앞에서)와 일치한다.

이는 그리스도인의 삶이 하나님 앞에서 진행된다는 것을 말하며, 하나님의 임재를 느끼는 것과 동일하다. 성경은 인간 존재가 하나님 앞에서 창조되었고 그런 상태로 살아간다는 사실을 알려 준다. 심지어 하나님을 떠나 다른 신을 섬기고, 하나님의 부재를 느끼는 것처럼 보일 때에도 인간은 여전히 절대자의 면전에 있다(Stroup, 4).

우리는 이집트에 팔려간 요셉에게서 이러한 관점을 발견할 수 있다. 그가 보디발의 종으로 있을 때 보디발의 아내가 잠자리를 같이 하자고 유혹했다. 이때 요셉은 단호하게 거절했다.

> 내가 어찌 이 큰 악을 행하여 하나님께 죄를 지으리이까(창 39:9)

요셉은 하나님이 모든 것을 보고 계신다는 확고한 믿음을 가지고 있었다.

제5연은 예수님의 재림에 관해 이야기하며 그분께서 언제 오실지 아무도 모른다고 단언한다. 1-2행은 재림의 때에 관해 언급하는데, 마태복음 24:36-42을 반영한다. 예수님은 하늘의 천사나 자신도 그때를 알 수 없고, 오직 하나님 아버지만이 아신다고 말씀하신다. 동시에 그분이 언제 오실지 아무도 모르기에 계속 깨어 있으라고 권면하신다. '깨어 있으라'는 명령은 단순히 수동적으로 주님을 기다리라는 뜻이 아니다. 오히려 능동적 차원에서 의롭게 살라는 의미다(장인식, 570).

3-4행은 삶의 마지막 순간을 생각하며 예수님을 만나게 될 장면을 상상한다. 3행은 노년기에 육체적으로 힘든 과정을 겪으며 맞는 임종의 순간을 보여 준다. '그 골짜기'(the vale)는 인간 누구나 거쳐야만 하는 죽음의 골짜기다. 시인은 인생 말년의 고된 삶을 '골짜기'란 단어로 시각화한다.

죽음을 두려워하지 않을 사람이 누가 있겠는가?

하지만 화자는 그 순간에도 '예수님과 함께' 있다고 역설한다.

마지막 행은 '휴거'에 대해 언급하는데 데살로니가전서 4:16-17에 근거한다. 주님께서 재림하실 때 그리스도 안에서 죽은 자들이 먼저 일어난다. 그 다음에 아직 이 땅에 살아 있는 자들이 구름 속으로 이끌려 올라가 '공중에서' 주님을 만난다. 여기서 중요한 점은 죽어서 주님을 만나든 살아서 만나든 늘 예수님과 함께 있다는 사실이다. 한국 찬송가에는 3행의 의미가 전혀 드러나 있지 않다.

- 당신이 하나님에 대해 확실히 알고 있는 점은 무엇인가?
- '코람 데오'를 기억한다면 현재의 시각이 어떻게 달라져야 할까?

[영미시로 경험하는 찬송가 15]

예수가 우리를 부르는 소리

(찬송가 528장, Softly And Tenderly Jesus Is Calling)
— D. L. 무디가 극찬한 찬송가

<제1연>
부드럽고 다정하게 예수께서 부르네,
너와 날 부르시며.
보라, 그가 입구에서 기다리며 지켜보네,
너와 날 빤히 바라보시며.

Softly and tenderly Jesus is calling,
Calling for you and for me;
See, on the portals He's waiting and watching,
Watching for you and for me.

<후렴>
집으로 오라 집으로 오라,
너희 지친 자들아 집으로 오라.

진지하고 부드럽게 예수께서 부르네,
"오, 죄인이여 집으로 오라!"고 외치시며.

Come home, come home,
You who are weary, come home;
Earnestly, tenderly, Jesus is calling,
Calling, O sinner, come home!

<제2연>
예수께서 간청하시는데 왜 우리는 지체해야 하나?
너와 날 위한 간청인데.
왜 우리는 머뭇거리며 그의 자비를 무시해야 하나?
너와 날 위한 자비인데.

Why should we tarry when Jesus is pleading,
Pleading for you and for me?
Why should we linger and heed not His mercies,
Mercies for you and for me?

<제3연>
이제 시간이 날아가고 그 순간들이 지나가네,
너와 내게서 사라지네.
그림자들이 몰려오고 임종이 다가오네,
너와 내게 다가오네.

Time is now fleeting, the moments are passing,
Passing from you and from me;
Shadows are gathering, deathbeds are coming,
Coming for you and for me.

<제4연>

오, 그가 놀라운 사랑을 약속해 주셨다네,
너와 날 위한 약속을!
비록 우리가 죄를 지었지만 그에겐 자비와 용서가 있다네,
너와 날 위한 용서라네.

O for the wonderful love He has promised,
Promised for you and for me!
Though we have sinned, He has mercy and pardon,
Pardon for you and for me.

[작품 배경]

이 시는 윌 톰프슨(Will L. Thompson, 1847~1909)이 1880년에 썼다. 그는 미국 오하이오주 이스트 리버풀에서 출생했는데, 그의 부친은 사업가였고 오하이오 주의회 의원이었다. 톰프슨은 오하이오주 얼라이언스에 있는 마운트유니온대학을 졸업한 후, 보스턴음악학교와 독일 라이프치히에서 음악을 공부했다.

그는 항상 사람들을 위해 좋은 곡을 쓰려고 노력했으며 그런 점에서 괄목할 만한 성과를 거두었다. 처음에는 세속적인 곡을 써서 명성을 떨친

후에 재능을 발휘해 찬송가 쓰는 일에 매진했다. 나중에는 이스트 리버풀과 시카고에 출판사와 음악 센터를 설립해 피아노와 오르간 그리고 악보를 판매하는 등 음악 관련 사업에서 상당한 성공을 거두었다.

그뿐만 아니라 지인들 사이에서 언제나 친절하고 존경을 받는 그리스도인이었다. 그는 시골 사람들이 음악을 즐길 기회를 갖지 못한다는 사실을 깨닫고 매우 안타깝게 여겼다. 그래서 말 두 필이 끄는 마차에 업라이트 피아노를 싣고 미국 중서부 시골 교회를 순회하며 자신이 쓴 찬송가들을 들려주었다(Morgan, 183).

1899년, 톰프슨은 복음 전도자 D. L. 무디가 임종을 앞두고 있다는 소식을 듣고 그의 병원을 방문했다. 주치의는 아무도 만날 수 없다고 거절했다. 하지만 병실에서 톰프슨의 목소리를 들은 무디는 그를 불러 반갑게 맞으며 이렇게 속삭였다.

"윌, 내가 지금까지 성취한 모든 업적보다 자네가 작사 작곡한 〈예수가 우리를 부르는 소리〉를 썼더라면 훨씬 더 좋았을 것이오"(Reynolds 1990, 255).

이 찬송가는 당시 무디와 생키가 인도하는 전도 집회에서 사람들을 그리스도께 초청하는 곡으로 널리 불렸다. 특히, 미국 인권 운동가 마틴 루터 킹 목사의 추도식과 1985년 아카데미 시상식에서 불린 곡으로 유명하다. 시인은 자신의 작곡 습관에 대해 이렇게 말했다.

"나는 집에 있든지 가게에 있든지, 여행 중이든지 상관하지 않고, 시상이나 악상이 떠오르면 즉석에서 시를 쓰고 작곡을 합니다. 내 곡들은 이렇게 만들어졌습니다"(Cyber Hymnal).

이 시는 마태복음 11:28-29을 배경으로 죄인들을 초청하시는 예수님의 간절한 마음을 담고 있다. 시상의 흐름을 보면 다양한 각도에서 주님께 나아갈 필요성을 호소한다. 제1연은 천국 문에 서서 죄인들을 바라보며 부르시는 예수님의 이미지를 제시한다. 제2연은 주님의 간청을 들으면서도 머뭇거리는 죄인들의 안타까운 모습을 보여 준다. 제3연은 죽음의 순간이 다가오고 있음을 상기시키며 즉시 돌아오라고 호소한다. 제4연은 모든 죄를 용서해 주신다는 주님의 약속을 들려주며 빨리 돌이키라고 재촉한다. 후렴을 제외하면 이 시의 1-2행과 3-4행은 굉장히 긴밀하게 엮여 있다. 1행과 3행의 끝 단어가 각각 2행과 4행의 첫 단어로 등장한다.

[작품 해설]

제1연은 죄인들을 오라고 촉구하시는 예수님을 소개한다. 1행의 '부드럽게'(softly)와 '다정하게'(tenderly)는 주님의 이미지와 잘 어울린다. 성경은 그분의 마음이 '온유하고', '겸손하다'고 이야기한다(마 11:29). 이러한 의미는 죄인들이 자신의 요청을 구시해도 끈기 있게 참으며 호소하시는 주님의 성품을 시사한다. 누가는 우리의 하늘 아버지께서 '부드러우신'(tender) 것처럼 우리도 그렇게 되어야 한다고 단언한다(눅 6:36, AMP).

3행은 우리를 부르시는 주님에 대해 관심을 갖게 한다. "보라"(see)탄 단어는 하나님께서 비천한 죄인들을 지켜보며 부르신다는 엄청난 사실을 일깨워 준다. 우리를 부르시는 분이 누구인지 다시금 생각해 보라고 촉구한다.

'그 입구'(the portals)는 천국을 암시하며 죄인을 부르시는 예수님의 다급한 마음을 상징적으로 보여 준다. 'portals'(우람한 입구)는 굉장히 크고 주목할 만한 입구인데, 어떤 공동체를 대표할 만한 건물의 입구를 가리킨다. 이 시어는 천국이 실제로 존재하고 그곳이 얼마나 웅장하며 굉장한 곳인가를 암시한다. 한국 찬송가의 가사로는 이런 뉘앙스를 파악할 수 없다.

주님은 지금도 우리를 지켜보며 부르신다. 시인은 연속해서 현재 진행형을 사용해 기다리시는 장면을 생생하게 묘사한다. 'watch'는 '빤히 바라보다', '관찰하다'의 뜻인데, 보호와 감시를 목적으로 주의 깊게 지켜보는 행위를 뜻한다. 따라서 여기에는 인간에 대한 하나님의 사랑이 배어 있다.

2행과 4행은 하나님의 관심이 '당신과 내게' 있다는 점을 강조한다. 이 시는 각 연의 2행과 4행에서 '당신과 나'를 한결같이 부각한다. 한국 찬송가의 가사로는 이런 관점을 알 수 없다. 우리는 자칫하면 예수님의 십자가 희생과 하나님의 자비를 일반화해 자신과는 상관이 없는 것으로 여길 수 있다. 하지만 그렇게 해서는 안 된다. 예수님이 십자가에서 죽으신 것은 내 죄를 위함이고, 성경 말씀은 오늘을 사는 내게 주어진 하나님의 메시지다.

여기에 묘사된 예수님 이미지는 의인화된 신적 지혜가 성문에서 어리석은 자들을 향해 "돌이키라"고 외치는 장면을 상기시킨다(잠 1:20-23). 시인은 'ing'를 무려 다섯 번이나 사용해 외침의 울림을 시각화한다.

후렴은 지친 자들에게 어서 집으로 오라고 재촉하며 예수님의 음성을 그대로 들려준다. 네 번이나 반복해서 등장하는 '집'(home)은 아주 중요한 의미를 지닌다. 'home'은 'house'와 다르다. 'house'가 건물을 의미한다면, 'home'은 가족의 보금자리, 따뜻한 가족적 분위기를 암시한다. 부모와 자녀가 결합된, 애정과 충성심으로 엮인 강한 유대 관계를 함축한다.

여기서의 '집'은 하늘에 있는 아버지의 집(하늘의 처소)을 가리킨다. 하지만 하나님과 함께 거하는 곳을 의미하기도 한다. 예수 그리스도를 통해 하나님과의 살아 있는 관계 속에 머무는 것을 뜻한다. '아버지의 집'은 바로 그리스도의 교회다(Barton 2005, 464). 예수님은 아버지 하나님과 그리스도 자신이 성경 말씀을 지키는 자에게 가서 "거처를 그와 함께"(make home with him) 하겠다고 약속하셨다(요 14:23).

주님은 '지친'(weary) 자들을 초대하신다(2행). 'weary'는 정신적 육체적으로 지쳐 싫증을 느끼는 상황을 함축하며 마태복음 11:28을 암시한다.

> 수고하고(weary) 무거운 짐 진 자들아 다 내게로 오라. 내가 너희를 쉬게 하리라 (마 11:28).

'수고하다'에 해당하는 헬라어('코피아오')는 슬픔이나 노동으로 인해 탈진한 상태를 말한다.

예수님은 진지하고 부드럽게 부르신다. 제1연에서 브드럽고 다정하게 부르신다고 설명한 화자는 3행에서 '진지하게'(earnestly)란 단어를 첨가한다. 'earnestly'는 열정과 이타적 태도 그리고 변치 않는 마음을 함축한다.

전능하신 하나님께서 죄인들을 이토록 배려하시다니, 얼마나 감동적인가!

마지막 행은 주님의 외침을 고스란히 전달한다. 그 간절함을 절실히 느껴 보라는 뜻으로 말이다. 게다가 마지막에 감탄 부호를 사용한다. 예수님은 의인(건강한 자)을 부르러 온 것이 아니라 죄인(병든 자)을 부르러 오셨다. 자신이 건강하다고 믿는 사람을 위해 오지 않았고, 자기가 병들었다는 것을 아는 자를 위해 오셨다. 주님은 세인들로부터 "세리와 죄인의 친구", 즉 죄인과 한통속이란 비난을 들으면서도 기꺼이 그들과 함께하셨다(마 11:19).

제1연이 간절히 오라고 부르시는 주님을 소개했다면, 제2연은 그 음성을 듣는 인간들의 오만한 태도를 꼬집는다. 예수님의 모습과 죄인들의 반응은 극한 대조를 이룬다. 'tarry'(늑장부리다)는 정도에서 벗어나 있거나, 적절한 시간보다 더 오래 머물며 떠나기 싫어하는 경향을 의미한다. 이는 3행의 'linger'(꾸물거리다)보다 더 지체하는 상황을 강조한다.

주님의 음성을 들으면서도 머뭇거리는 죄인들의 태도는 재물과 하나님을 겸하여 섬기려는 자를 떠올리게 한다(마 6:24). '섬기다'에 해당하는 헬라어는 궁극적으로 노예나 종이 되는 것을 말한다. 재물과 하나님을 동시에 섬기지 못하는 이유는, 그 둘이 종에게 상반된 것을 요구하기 때문이다. 재물은 자기중심적 삶을 강요하고, 하나님은 다른 사람을 섬길 것을 요청하신다. 더욱이 하나님의 요구는 절대적이어서 재물을 섬길 여지가 없다(Osborne, 270).

예수님은 서둘러 오라고 '간청하신다'(pleading). 'plead'(탄원하다)는 겸손과 긴급함을 암시한다. 성경에서는 언제나 병 고침을 받기 원하는 자들이 주님께 나아와 도와 달라고 간청한다(마 8:5; 막 1:40). 그런데 여기서는 거꾸로 되어 있다. 주님은 겸손하고 긴급하게 요청하시고, 죄인들은 늑장부리며 그분의 자비에 관심조차 두지 않는다. 'heed'(3행)는 '주의하다', '마음에 새기다'의 뜻이다. 제2연에 묘사된 예수님 이미지는 "암탉이 그 새끼를 날개 아래에 모음 같이"(마 23:37) 모으려고 시도하는 장면을 시사한다.

제3연은 세상의 향락에 빠져 있는 죄인들에게 고난과 죽음이 다가오고 있음을 상기시키며 빨리 돌이키라고 재촉한다. 인간의 삶에서 죽음만큼 강력한 영향력을 행사하는 것은 없다. 그러기에 누구나 죽음을 생각하면 자신을 되돌아보며 반성하는 시간을 갖게 마련이다. 시인은 세월이 빠르게 지나간다는 진리를 시각화하기 위해 의도적으로 현재 진행형을 네 번이나 사용한다.

'fleet'는 '빨리 지나가다', '날아가다'의 뜻이다. 전도서 저자는 인간의 삶이 '몇 날 안 되는 덧없는(fleeting) 인생'이고, 그림자처럼 지나간다고 역설한다(6:12, NET). 바울은 보이는 것이 잠깐이고 보이지 않는 것은 영원하기에, 보이는 것을 바라보지 말고 오히려 보이지 않는 것을 바라보라고 권면한다(고후 4:18). "그 순간들"(the moments)은 3행과의 대조를 고려할 때 '행복한 순간', 아니면 '결단의 시간'을 가리킨다.

3행은 일상의 고통을 떠올리게 하며 마지막 순간이 다가오기 전에 어서 결단하라고 경고한다. '그림자'(shadow)는 인간 누구에게나 찾아오는 고난과 괴로움을 암시한다. 그런데 영시에서 이 단어가 복수다. 따라서 예고 없이 수시로 닥치는 어두운 시기를 상징한다. 'deathbed'는 '죽음의 자리', '임종'을 뜻한다.

죽음이 언제든 닥쳐올 수 있다는 진리를 잊은 채, 영원한 것에 관심을 두지 않는 사람은 예수님의 비유에 나오는 어리석은 사람과 같다. 어리석은 부자는 자신이 죽을 수 있다는 사실을 망각하고 소유물을 지키려는 데서 기쁨을 얻으려 한다. 그러나 하나님은 인간의 영혼이 그분의 소유임을 일깨워 준다.

> 너 어리석은 사람아! 오늘 밤 내가 네 생명을 네게서 빼앗을 것이 다(눅 12:20, NIRV).

헬라어 성경에서는 이 이야기에 '나'라는 일인칭 단수가 11회 등장한다(Bock 2005, 302). 이는 그가 철저히 자기중심적인 사람임을 보여 준다.

제4연은 죄인들에게 베풀어질 놀라운 사랑과 자비를 소개하며 어서 돌아오라고 촉구한다. 그 놀라운 약속은 사죄(赦罪)의 은총이다. 시인은 맨 앞에 감탄사(O)를 사용해 벅찬 감정을 전달한다. 한국 찬송가의 4절은 영시와 완전히 다르다.

예수님이 세리 마태를 제자로 부르신 사건은 죄 용서의 범위를 알려 준다(강대훈, 635). 1세기 유대인 사회에서 세리는 가장 멸시받는 사람이었고, 반역자요, 살인자와 같은 인물이었다. 오직 마태만이 자신이 부름을 받은 이야기에서 '마태'란 이름을 사용해 강조한다(9 9). 이는 자신이 변화된 사건이 기적임을 암시한다(Wright, 156-57).

그렇다, 영원히 죽을 수밖에 없는 죄인이 죄를 용서받고 영생을 소유하게 된 것은 기적 중의 기적이다!

화자는 2행에서 하나님의 놀라운 사랑을 언급하며 다시 한번 감탄한다.

3행의 'pardon'(용서, 사면)은 법원이나 통치자가 권위를 가지고 공식적으로 죄를 용서해 주는 것을 말한다. 원죄를 지닌 인간의 실상과 우주의 통치자이신 하나님의 권위를 내포한다. 이사야 선지자는 불의한 자들을 향해 악한 생각을 버리고 여호와께로 돌아오라고 요청한다. 전능자이신 하나님께서 긍휼을 베풀고 너그럽게 용서해 주신다고 이야기한다(55:7).

- 아버지 하나님과의 친밀한 유대 관계를 얼마나 즐기는가?
- 하나님 외에 다른 우상을 섬기고 있지는 않은가?

[영미시로 경험하는 찬송가 16]

복의 근원 강림하사

(찬송가 28장, Come, Thou Fount of Every Blessing)
― 우리를 쫓아오시는 하나님

<제1연>
만복의 근원이신 주여, 오소서
제 맘을 조율하여 당신의 은혜를 노래하게 하소서.
결코 중단되지 않는 자비의 흐름이
가장 큰 소리의 찬양 노래를 요구하나이다.
선율적 소네트를 가르쳐 주소서
위에 있는 불의 혀들이 불렀던 그런 노래를.
제가 고정되어 있는 그 산을 찬양하나이다,
하나님의 변치 않는 사랑의 산을.

Come, thou fount of ev'ry blessing,
Tune my heart to sing thy grace.
Streams of mercy, never ceasing,
Call for songs of loudest praise.

Teach me some melodious sonnet,
Sung by flaming tongues above.
Praise the mount, I'm fixed upon it,
Mount of God's unchanging love.

<제2연>
여기에 제 에벤에셀을 세우나이다.
당신의 도우심으로 여기까지 왔으니
이제 당신의 선하신 뜻대로
안전하게 집에 도착하길 원하나이다.
하나님의 우리를 떠나 방황하는
나그네였을 때, 예수께서 저를 찾아 주었고
위험에서 구해 내기 위해
그의 보혈을 개입시키셨나이다.

Here I raise my Ebenezer,
Hither by thy help I'm come,
And I hope, by thy good pleasure,
Safely to arrive at home.
Jesus sought me when a stranger,
Wand'ring from the fold of God.
He, to rescue me from danger,
Interposed his precious blood.

<제3연>
오, 제가 은혜에 얼마나 크게 빚진 자인지
매일 느낄 수밖에 없나이다!
이제 그 은혜가 족쇄처럼
방황하는 제 마음을 당신께 매어 주소서.
주님, 제가 방황하기 쉽고
사랑하는 하나님을 떠나기 쉽나이다.
여기 제 맘이 있으니, 오, 받아 인을 쳐 주소서,
당신의 하늘 법정을 위해 인을 치소서.

Oh, to grace how great a debtor
Daily I'm constrained to be!
Let that grace now, like a fetter,
Bind my wand'ring heart to thee.
Prone to wander, Lord, I feel it,
Prone to leave the God I love.
Here's my heart, O take and seal it,
Seal it for thy courts above.

[작품 배경]

이 시는 로버트 로빈슨(Robert Robinson, 1735~1790) 목사가 1758년에 썼다. 그는 영국 노퍽주 스와프햄의 가난한 가정에서 출생했다. 그가 8세 때 부친은 세상을 떠났고 14세 때 모친은 아들이 성직자가 되기를 원했지만 가난으로 인해 어쩔 수 없이 그를 런던으로 보내 이발사 견습생이 되게 했다. 하지만 그가 런던에서 배운 것은 음주와 갱단 활동이었다. 이후 그는 몇 년 동안 악명 높은 불량배들과 어울리며 방탕한 생활을 했다.

1752년, 17세 때 그에게 획기적인 사건이 일어났다. 어느 일요일, 친구들과 함께 술에 취해 장난삼아 점쟁이 노파를 찾아갔다. 자신들의 미래에 관해 듣고 그녀의 예언을 비웃을 작정이었다. 그 가련한 노파는 로빈슨에게 그가 자녀와 손자까지 볼 정도로 오래 살 것이라고 말해 주었다. 그런데 이 말이 그로 하여금 삶을 되돌아보게 만들었고, 앞으로 더 많은 책을 읽어야겠다고 다짐하게 했다(Bence, 174-75).

그날 저녁, 그는 동료들과 함께 조지 휫필드 목사가 인도하는 전도 집회에 참석했다. 집회에 참석한 감리교 신자들을 조롱할 목적이었다. 설교자 휫필드는 마태복음 3:7을 본문으로 '임박한 진노'에 대해 설교하며 이렇게 외쳤다.

"오, 청중 여러분이여, 진노가 다가옵니다!
진노가 다가옵니다!"

로빈슨은 즉시 제정신을 차리고 그 메시지가 자신을 위한 것이라는 사실을 깨달았다. 거의 3년 동안 어둠과 두려움 속에서 방황하던 그는 빛을 찾았고, 그리스도를 영접했다(Morgan, 65).

그로부터 몇 년 후 소명을 받아 독학으로 공부해 목사가 되었고, 칼빈파 감리교회에서 사역을 시작했다. 1761년에는 감리교회를 떠나 케임브리지로 이사해 침례교 목회자가 되었다. 여기서 여러 편의 찬송시와 많은 신학 서적을 써서 유능한 신학자로 알려졌다. 그는 1790년 세상을 떠날 때까지 목회 사역을 계속했다.

이 작품은 로빈슨이 23세 때 쓴 것으로, 영국 노퍽에 있는 감리교회에서 성령강림절 설교를 준비하다가 썼다. 자신의 암울했던 과거를 돌아보며 하나님의 측량할 수 없는 사랑을 노래한다.

이 시와 관련된 감동적인 뒷화가 있다. 어느 날 그가 역마차를 타고 가는데 옆에 앉은 여인이 열심히 찬송가를 보고 있었다. 자연스럽게 대화하던 중, 그 여인은 로빈슨에게 자신이 부르는 찬송가를 어떻게 생각하는지 물었다. 이때 로빈슨은 울음을 터뜨리며 고백했다.

"부인, 내가 바로 몇 년 전에 그 찬송시를 쓴 가난하고 불행한 사람이오. 내가 그 시를 쓸 때 느꼈던 감정을 되찾을 수 있다면 정말 좋겠소"(Osbeck 1982, 52).

역마차에서 만난 여인과의 대화를 통해 로빈슨의 신앙을 회복시키신 하나님의 섭리, 얼마나 놀라운가!

이 시는 전체적으로 기도 형식을 취한다. 아울러 고어(thou, thy)를 사용해 하나님의 위대하심을 한껏 드높인다. 시상의 흐름을 보면 제1연은 목사가 되어 성령강림절 설교를 준비하며 성경에 나오는 오순절 사건을 떠올린다. 제2연은 자신의 과거를 되돌아보며 방탕한 인간을 구원하신 예수님의 보혈을 찬양한다. 제3연은 앞날을 생각하며 천국에 가는 날까지 계속 지켜 달라고 하나님께 호소한다.

압운을 살펴보면 대체로 제1연과 제3연에서 1행과 3행, 2행과 4행, 5행과 7행, 6행과 8행이 각운을 이룬다. 하지만 제2연의 경우는 예외로 1행과 3행, 5행과 7행만이 각운을 이룬다.

[작품 해설]

제1연은 로빈슨 목사가 서재에서 성령강림절 설교를 준비하며 묵상하는 장면을 시사한다. 화자는 하나님의 임재를 갈망하며 오순절에 임했던 성령의 능력이 자신에게 부어지기를 간구한다. 자비의 선율로 가득 채워 하나님을 마음껏 찬양하게 해 달라고 호소한다.

여기에는 다른 연보다 청각적 이미지가 많은데, 마치 찬양의 노랫소리를 들려주는 듯하다. 시인은 자음운 's'(sing, streams, songs, some, sonnet, sung)와 'ing'(blessing, sing, ceasing, flaming, unchanging)를 사용해 음악의 울림을 전달한다. 시에서만 맛볼 수 있는 정말로 기발한 기교다. 'thou'(you)는 인칭대명사 2인칭 단수 주격이고, 'thy'(your)는 'thou'의 소유격이다.

1행은 하나님을 "만복의 근원(fount)"으로 소개하며 그분을 정중히 초청한다. 'fount'는 '샘', '원천'을 의미한다. 야고보서는 온갖 좋은 은사와 온전한 선물이 모두 "빛들의 아버지께로부터" 내려온다고 역설한다(1:17). 이는 하나님이 특별 은총과 신령한 복의 공급자이며, 성도들이 성화에 이르도록 인도하는 은혜로운 분이심을 알려 준다(고영민 2015, 1781).

화자는 하나님께 자신의 마음을 '조율하여'(tune) 그분의 은혜를 찬양하게 해 달라고 요청한다(2행). 'tune'은 매우 시청각적 시어로 '악기를 조율하다'의 뜻이다. 시인은 자신의 마음을 악기에 비유하고, 더러운 요소를 다 제거해 가장 아름다운 선율로 연주하게 해 달라고 호소한다. 한국 찬송가에는 "찬송하게 하소서"라고 되어 있는데, '조율'의 의미가 전혀 나타나 있지 않다.

3-4행은 그칠 줄 모르는 은혜의 '흐름'(streams)이 우리로 하여금 가장 큰 목소리로 '노래하게'(songs) 한다고 선언한다. 우리에게 부어진 하나님의 자비를 생각하면 가장 큰 목소리로 찬양할 수밖에 없다는 뜻이다. '흐름'과 '노래'는 단수가 아닌 복수다. 주님의 자비는 우리 삶의 모든 영역에서 넘쳐난다. 그래서 그 은혜를 제대로 찬양하려면 일평생 목청껏 노래해야 할 것이다. 'cease'(중지하다)는 계속되던 상태가 서서히 정지되는 것, 'call for'는 요구하는 것을 의미한다.

5-6행은 작시 배경을 모르면 오해할 수밖에 없다. 이 대목은 사도행전 2:1-4을 배경으로 한다. 시인은 오순절에 임했던 성령의 임재 사건을 상기하며 자신에게도 그러한 능력이 나타나기를 고대한다. 한국 찬송가는

"천사들의 찬송가를 내게 가르치소서"라고 번역하는데, 이는 오역이다.

사도행전에 나타난 성령의 임재 현장을 살펴보자. 누가는 이렇게 묘사한다.

> 마치 불의 혀처럼 갈라지는 것들이 그들에게 보여 각 사람 위에 하나씩 임하여 있더니 (행 2:3).

'flaming tongues'(6행)는 '불타고 있는 혀들'인데, 오순절에 임한 성령이 불의 혀처럼 나타난 것을 가리킨다. 'above'(위에)는 마가의 다락방에서 각 사람 '위에' 임한 성령을 암시한다. 이것을 '천국'으로 이해하면 안 된다. 천국에 불타는 혀들이 있을 까닭이 없기 때문이다. 'sonnet'(소네트)는 14행으로 이루어진 영국의 대표적인 정형시다.

화자는 오순절 날 약 120명의 성도 위에 각기 나타난 '불의 혀들'이 불렀던 그런 노래를 가르쳐 달라고 요청한다.

불의 혀가 날름대며 움직이는 모습을 노래하는 것으로 간주한 시인의 상상력이 얼마나 독창적인가!

아마 하나님의 능력을 찬양하는 웅장한 합창을 상상했으리라. 시인은 두려움에 사로잡혔던 제자들을 담대하게 변화시킨 성령의 능력이 자신에게도 나타나기를 고대했을 것이다.

7-8행은 변치 않는 하나님의 사랑 위에 확고하게 서 있다고 단언하며, 그 사랑의 산을 찬미한다. 'fix'(고정시키다)는 어떤 위치에 단단히 고정시켜 움직이지 않게 하는 상황을 강조한다. 여기서 'fix'가 수동태인데, 하나님의 사랑이 우리를 강하게 붙잡아 주시는 장면을 제시한다(8행). 한국 찬송가는 영시 8행을 "구속하신 그 사랑"으로 번역한다. 원문은 구속의 사랑뿐 아니라 일상에서 끊임없이 베풀어지는 사랑을 동시에 이야기한다.

제2연은 지금까지 인도하신 하나님의 은혜에 감사하며 자신을 구원하신 그리스도의 보혈을 찬양한다. 특히, 하나님의 품을 떠나 방황하던 어두운 시절을 회상한다. 이 대목은 전체적인 각운 패턴을 깨뜨린다. 여기서는 1행과 3행, 5행과 7행만이 각운을 이룬다. 그래서 뭔가 부족하고 갖추어지지 못한 인상을 준다. 이런 기교는 집을 떠나 방황하던 시인의 모습을 시각화한다.

'에벤에셀'(1행)이란 용어는 사무엘상에서 인용한 것이다. 성경에 의하면 이스라엘 백성이 미스바에 모여 대성회를 개최했다. 블레셋 사람들이 이 소식을 듣고 싸우기 위해 다가왔고 이스라엘 자손은 매우 두려워했다. 그러나 여호와께서는 천둥소리를 크게 울려 그들을 혼란에 빠뜨려 이스라엘 앞에서 패하게 하셨다.

이에 사무엘은 돌 하나를 취해 미스바와 센 사이에 놓고 "여호와께서 여기까지 우리를 도우셨다"라고 말하며, 그것을 에벤에셀이라 했다(삼상 7:5-12). '에벤에셀'이란 '도움의 돌'이란 뜻이다. 에벤에셀은 하나님의 은혜에 대한 감사와 그분의 은혜 안에 계속 머물겠다는 헌신의 표시다. 화자는 이제 '자신만의 에벤에셀'(my Ebenezer)을 세워 그 은혜를 잊지 않기 위해 노력한다.

후반부는 자신을 위험에서 구출하신 예수님의 보혈을 노래한다. 여기서 화자의 과거와 현재가 분명한 대조를 이룬다. 하나님의 품을 떠나 방황하던 죄인이 집으로 돌아와 구원을 얻었다. 사도 베드로는 구원받기 전과 후의 변화를 이렇게 설명한다. 전에는 '정체성이 없는 백성'(NLT)이며 '쓸모없는 백성'(NLV)이었더니, 이제는 '하나님의 소유'(TLB)이며 '하나님의 일을 하는 도구'(MSG)가 되었다'(벧전 2:10).

5-6행은 선한 목자와 양의 우리(요 10:1), 길 잃은 양을 찾는 목자의 비유(눅 15:4-7)를 상기시킨다. 'sought'는 'seek'의 과거인데, 얻기 위해 애쓰는 과정을 강조한다. 누가복음의 예수님은 목자가 잃은 양 한 마리를 "찾

아내기까지" 찾아다닐 것이라고 말씀하신다.

　하나님의 우리를 떠나 방황하는 죄인과 잃은 양을 찾아다니시는 예수님, 얼마나 대조적인가!

　마지막 행은 죄인을 '구조하기'(rescue) 위해 예수님이 치른 대가가 무엇인지 알려 준다. 우리를 위해 그의 보혈을 '개입시키셨다'(interposed)고 역설한다. 'interpose'(사이에 놓다)는 두 적대적인 세력 사이에 의사소통이나 교제가 단절되었음을 함축한다. 주님은 하나님에게서 멀리 떨어져 있던 우리를 자신의 피로 가깝게 하셨다(엡 2:13). 'rescue'(구조하다)는 재난이나 위험에 빠진 사람을 신속하고 적극적으로 구해 내는 것을 의미한다.

　제3연은 화자가 하나님께 얼마나 큰 빚을 진 자인지 고백하며, 방황하기 쉬운 자신의 마음을 주님께 고정해 달라고 간청한다. 1-2행은 아주 격한 감정으로 하나님의 은혜가 없으면 살아갈 수 없다고 토로한다. 이 시에서 유일하게 감탄사와 감탄 부호를 동시에 사용한다.

　1행을 정상어순으로 하면 'Oh, how great a debtor (I am) to grace!'(오, 내가 은혜에 얼마나 크게 빚진 자인가!)가 된다. 여기서 1-2행은 아주 긴밀하게 엮여 있다. 'debtor'(1행)가 'to be'(2행)의 보어인데 행갈이에 의해 나뉘었기 때문이다. 이러한 기교는 채무자가 채권자에게 종속되어 있음을 시각화한다.

　'constrain'은 '강요하다'의 의미이며, 'be constrained to 부정사'는 '어쩔 수 없이 ~하다'의 뜻이다. 인간은 모든 면에서 유한하고 죽을 수밖에 없는 죄인이기에, 매 순간 절대자의 도움이 없으면 살 수 없다. 그러기에 자신의 영적 실상을 깨달은 사람은 하나님께 빚진 자임을 인정한다.

　인간이 하나님께 얼마나 큰 빚을 졌을까?

　예수님은 만 달란트 빚진 종의 비유(마 18:23-35)를 통해 각 개인이 지은 죗값이 어느 정도인지 알려 준다. 만 달란트는 한 사람이 약 275,000년 동안 일해야 모을 수 있는 엄청난 돈이다(Bock 2012, 448). 이 금액은 인간이 하나님께 저지른, 인간의 힘으로는 도저히 갚을 수 없는 큰 죄악을 상징한다.

3-4행은 그 은혜가 마치 '족쇄'(fetter)처럼 자신의 방황하는 마음을 하나님께 묶어 달라고 호소한다. 그렇게 하지 않으면 언제 이탈할지 모르기 때문이다. 자신의 마음을 하나님께 묶어 달라고 요청한 시인은 5-8행을 단단히 결합시켜 이 요구를 시각화한다. 5-6행을 동일한 단어(prone)로 시작하고, 7행의 마지막 구절과 8행의 첫 구절을 동일하게 만든다. 'prone'(~하기 쉬운)은 바람직하지 않은 일을 하려는 성향을 함축한다.

'wander'(떠돌다)는 일정한 목적 없이 헤매는 것을 의미한다. 구약성경의 아론은 금송아지를 만들어 하나님의 진노를 불러일으킨 이스라엘 백성에 대해 '그들은 악을 행하는 경향이 있는' 사람들이라고 설명한다(출 32:22, NASB).

어디 이스라엘 백성뿐이겠는가?

모든 인간이 다 마찬가지다.

마지막 두 행은 방황하기 쉬운 인간의 마음을 깨닫고, 하늘 법정을 위해 자신의 마음에 '인을 쳐 달라고'(seal) 요청한다. 'seal'(도장을 찍다, 봉인하다)은 허락을 받은 사람 외에는 아무도 열지 못하도록 밀봉하고 도장을 찍는 행위를 말한다. 주님께서 '인을 치신다'는 말은 하나님이 그리스도인의 소유주임을 암시한다(엡 1:13-14). 시인은 하나님께 완전히 묶인 자신의 마음이 고스란히 하늘 법정에까지 전달되기를 소망한다.

- 당신의 마음은 하나님을 향해 조율되어 있는가?
- 당신에게는 자신만의 에벤에셀이 있는가?

[영미시로 경험하는 찬송가 17]

예수가 거느리시니

(찬송가 390장, He Leadeth Me)
― 남북 전쟁 중에 느낀 하나님의 은혜

<제1연>

그가 날 인도하신다니, 오, 복된 생각이라!
오, 하늘의 위로가 가득한 말씀이라!
내가 무엇을 하든지 어디에 있든지
여전히 날 인도하는 것은 하나님의 손이시라.

He leadeth me, O blessed thought!
O words with heav'nly comfort fraught!
Whate'er I do, where'er I be
Still 'tis God's hard that leadeth me.

<후렴>

그가 날 인도하네, 날 인도하네,
그 자신의 손으로 날 인도하시네.

내가 그의 충실한 추종자 되리니
이는 그의 손이 날 인도하시기 때문이라.

He leadeth me, He leadeth me,
By His own hand He leadeth me;
His faithful follower I would be,
For by His hand He leadeth me.

<제2연>
때때로 가장 짙은 어둠의 현장 한복판이나
에덴의 만발한 꽃나무 아래 있을 때,
잔잔한 물가나 요동치는 바다 위에 있을 때에도
여전히 날 인도하는 것은 그의 손이시라.

Sometimes mid scenes of deepest gloom,
Sometimes where Eden's bowers bloom,
By waters still, over troubled sea,
Still 'tis His hand that leadeth me.

<제3연>
주님, 제가 당신 손을 꽉 잡고
결코 불평하거나 투덜대지 않으렵니다.
제게 어떤 몫이 주어진다 해도 만족하리니
이는 내 하나님이 인도하시기 때문입니다.

Lord, I would clasp Thy hand in mine,
Nor ever murmur nor repine;
Content, whatever lot I see,
Since 'tis my God that leadeth me.

<제4연>
이 땅에서의 임무를 마치고
당신의 은혜로 승리를 얻었을 때,
죽음의 차디찬 파도조차 피하지 않으리니
하나님이 요단강을 건너도록 인도하시기 때문입니다.

And when my task on earth is done,
When by Thy grace the vict'ry's won,
E'en death's cold wave I will not flee,
Since God through Jordan leadeth me.

[작품 배경]

이 시는 조셉 길모어(Joseph H. Gilmore, 1834~1918) 목사가 남북 전쟁이 한창이던 1862년에 썼다. 길모어는 미국 매사추세츠주 보스턴에서 출생했으며, 그의 부친은 한때 뉴햄프셔주 주지사로 일했다. 그는 1858년에 브라운대학교에서 미술을 공부해 학위를 받고, 1861년에 뉴턴신학교를 졸업했다. 그 이듬해 침례교 목사로 안수 받았다.

길모어 목사는 생전에 여러 침례교회에서 목회했고, 뉴턴신학교에서 히브리어를, 로체스터대학교에서 영문학을 가르쳤다. 주지사였던 그의 아버지 비서로 2년간 근무하기도 했다. 이 시는 28세 때 쓴 것인데, 작시 배경에 대해 다음과 같은 기록을 남겼다(Osbeck 1982, 87; Emurian, 56-57).

> 신학대학을 막 졸업하고 나는 필라델피아에 있는 제일침례교회에서 시편 23편을 본문으로 몇 주 동안 수요 예배 때 말씀을 전하고 있었다. 그런데 1862년 3월 26일에는 하나님의 인도하심이 얼마나 복된 것인지 더욱 새롭게 다가왔다. 그날 예배 후, 교인 몇 분과 함께 왓슨 집사님의 집으로 자리를 옮겨 '하나님의 인도'에 관해 대화를 나누며 즐거운 시간을 가졌다. 대화 중 나는 강렬한 감정에 사로잡혀 즉시 펜을 꺼내 이 시를 적었다. 전에 느껴 보지 못한 감정이었다.
> 　남북 전쟁과 같은 암울한 시기에 하나님의 인도하심을 느끼는 것은 우리 삶에 굉장히 중요하다고 여겨졌다. 그분께서 우리를 인도하신다는 사실만 믿는다면, 무슨 일이 닥치든 전혀 걱정할 필요가 없다고 생각했다. 나는 그 시를 아내에게 건네준 후 까맣게 잊고 있었다. 아내는 내가 모르는 사이에 그 시를 〈파수꾼과 반사경〉이라는 잡지사에 보냈고, 그 잡지에 처음으로 실렸다.

이 시는 하나님께서 우리를 인도하신다는 생각이 얼마나 복된지를 노래한다. 시인은 남북 전쟁이란 암울하고 고통스런 시기에 하나님의 인도와 보호를 느끼며 소망을 갖는다. 시상의 흐름을 보면 제1연은 이 시의 주제이고, 제2-4연은 시간순에 따라 다양한 환경에서 인도하심이 어떻게 나타나는지 입증한다. 제1-2연은 인생의 흥망성쇠 과정에서 그분이 함께 하신다는 진리를 역설하고, 제3-4연은 기도하는 형식을 취한다.

압운을 보면 인접한 두 행이 대구를 이루는 '이행 연구'(couplet) 형식을 따른다. 따라서 각 연에서 1-2행, 3-4행이 각운을 이루며 부드럽게 전개된다. 또 하나의 특징은 고어(leadeth, Thy)를 사용해 하나님의 위대하심을 더욱 높인다. '-eth'는 고어인데, 동사의 제3인칭 단수, 현재형 어미다. 현대 영어의 '-s', '-es'에 해당한다.

[작품 해설]

제1연은 우리와 함께하며 친히 손으로 인도하시는 하나님의 은혜를 찬양한다. 감탄사(O)와 감탄 부호를 두 번 사용해 형언할 수 없는 기쁨과 벅찬 마음을 시각화한다. 'lead'(이끌다)는 이 시의 핵심어인데, 손을 잡고 함께 가거나 앞장서서 안내하는 상황을 말한다. 한국 찬송가는 '거느리다'로 번역하는데, 영시의 표현이 훨씬 친근한 느낌을 주며 4행에 나오는 "하나님의 손"과 잘 어울린다.

이스라엘 백성이 이집트를 탈출한 사건은 하나님이 민족적 차원에서 인도하신 대표적 사례다. 하나님은 자신이 직접 이스라엘 조상들의 "손을 잡고 애굽 땅에서 인도하여"(히 8:9) 내었다고 말씀하신다.

화자는 하나님께서 인도하신다는 확신을 "복된 생각"(blessed thought)이라 표현하며, 하늘의 위로가 가득한 말씀이라고 정의한다(1-2행). 'blessed'는 '숭배와 찬양을 받을 만한 가치가 있는'이란 뜻이다.

찬양을 받기에 합당한 주님이 우리를 인도하시니 이런 생각 역시 복되지 않은가!

한국 찬송가의 가사는 이 기쁨과 환희를 전달하지 못한다.

'하늘의 위로', 얼마나 감동적인 표현인가!

이 세상에 속한 사람은 기껏해야 인간의 위로를 받지간, 그리스도인은 하늘의 위로를 받는다. 'comfort'(위로)는 완전한 마음의 평안과 육체적 만족을 암시한다. 필요한 모든 것을 채워 주거나 고뇌를 완화시켜 기운을 북돋우는 것을 말한다. 'fraught'는 '~으로 가득한'의 뜻이다. 성경은 우리가 믿는 여호와를 "인내와 위로의 하나님"(롬 15:5), "모든 위로의 하나님"(고후 1:3)이라고 소개한다.

3-4행은 언제 어디서나 우리를 인도하시는 하나님을 찬양한다. 한국 찬송가는 "주야에 자고 깨는 것"이라 번역하는데, 원문은 훨씬 포괄적이다. 우리가 어디서 무엇을 하든지 그의 손이 인도하신다고 확언한다. 이 내용은 시편 139편을 반영한다. 다윗은 하나님께서 우리가 다니는 모든 길, 생각과 모든 행동, 앉고 일어서는 것을 아신다고 고백한다.

마지막 행은 'still'과 'it~ that' 강조 구문을 활용해 하나님의 손이 지금도 우리를 이끄신다는 점을 부각한다. 'still'은 부사인데, '아직도', '여전히'의 뜻이다. 시인은 남북 전쟁 중에도 여호와께서 함께하신다는 진리를 절감하고 새삼 놀란다.

후렴은 하나님이 인도하신다는 사실을 연달아 노래하며 기꺼이 주님을 따르는 제자가 되겠다고 고백한다. '하나님의 손'이 인도하신다는 내용은 제1연 4행과 동일한데, 여기서는 'own'이란 단어를 덧붙인다. 'own'(자기 자신의)은 소유를 강조한다. 절대자이신 하나님께서 친히 자신의 자녀를 인도하신다는 진리를 부각한다. 다윗은 여호와께서 기름 부음 받은 자를 '그 자신의 오른손으로' 구원하신다고 노래한다(시 20:6, EMB).

화자는 하나님의 인도하심에 대한 응답으로 그분의 "충실한 추종자"(faithful follower)가 되겠다고 다짐한다. 3행에서 'faithful'과 'follower'가 자음운(f)을 이루며 그의 다짐을 더욱 공고히 한다. 'faithful'은 약속이나 맹세, 책임 따위로 맺어진 상대에게 충실한 것을 말한다. 'follower'는 어떤 사람이나 가르침을 믿고 따르는 사람을 뜻한다.

예수님을 '따르는' 삶은 그리스도인에게 필연적이다. 기독교인 중에 '종교 생활'과 '신앙생활'을 혼동하는 사람들이 적잖다. 그런데 종교 생활에 만족하는 사람은 진정한 예수님의 제자가 아니다. 그들은 외적 종교 의식에만 신경을 쓴다. 열심히 공적 예배에 참석하고 교회에서 직분을 맡아 봉사하며 헌금을 낸다. 그렇지만 일상에서 하나님의 말씀을 실천하거나 그리스도의 성품을 닮으려는 노력은 거의 하지 않는다.

제2연은 제1연에서 언급한 진리를 입증한다. 언제 어디서나 인도하시는 하나님의 손길을 리얼하게 보여 준다. 한국 찬송가의 가사는 상당히 추상적이다. "때때로 괴롬 당하면 때때로 기쁨 누리네. 풍파 중에 지키시고 평안히 인도하시네." 그러나 영시에는 시청각적이며 공감각적인 심상이 가득하다. 가장 음침한 어둠의 순간들, 꽃이 만발한 에덴동산의 전경, 잔잔한 물가, 요동치는 바다 물결을 고스란히 보여 준다. 시인은 특히 자음운 's'(sometimes, scenes, still, sea)를 사용해 음악적 효과를 자아낸다.

1-2행은 가장 절망적인 순간과 기쁨의 순간을 대조해 변함없이 인도하시는 장면을 보여 준다. 'mid'(한복판에 둘러싸여)는 'amid'와 동일한데, 이질적인 것에 둘러싸여 있는 상태를 말한다. 'gloom'(어둠)은 깊은 슬픔과 절망의 감정을 암시한다. 1행은 심각한 절망에 완전히 포위된 상황을 언급하며, 그 가운데서도 인도하시는 하나님의 손길을 찬양한다.

2행은 에덴의 정원으로 우리를 안내한다. 멋지게 늘어진 나무 밑을 거니는 즐거움을 선사한다. 'bower'는 '나무 그늘의 휴식처', '정자', 'bloom'은 개화해 아름다움이 절정에 달한 꽃을 의미한다. 여기서 'bowers'와 'bloom'이 자음운(b)을 이루며 화려한 아름다움을 시각화한다. 이러한 이미지는 인생의 전성기와 기쁨의 순간을 상징한다. 주님은 우리가 에덴을 거니는 것과 같은 즐거운 순간에도 함께하신다. 그러나 더 중요한 것은 여호와께서 우리를 위로하시면 황폐한 곳이 에덴처럼, 광야가 여호와의 동산처럼 변화된다는 점이다(사 51:3).

3행은 '잔잔한 물가'와 '요동치는 바다'를 대조해 어디서나 인도하시는 하나님을 찬양한다. 'still'(잔잔한)은 소리나 움직임이 거의 없는 상황을 뜻한다. 'troubled'는 '걱정스런', '소란한'의 뜻이다. 'still'이란 시어가 3-4행에 동시에 등장하며 운을 이룬다는 사실이 참 재미있다. 물론 3행에서는 형용사로, 4행에서는 부사로 사용되었다. "잔잔한 물가"(by waters still)는 시편 23편을, "요동치는 바다"(troubled sea)는 시편 89:9을 상기시킨다. 여호와께서는 폭풍이 이는 바다를 다스리고, 그 파도가 요동칠 때 잔잔케 하신다(시 89:9).

제3연은 기도 형식을 취하는데 주님의 손을 꼭 잡고 결코 불평하지 않겠다고 다짐한다. 한국 찬송가의 가사는 기도 분위기를 전혀 느끼지 못하게 한다. 1행의 'would'는 화자의 강한 의지를 표출한다. 'clasp'은 '힘 있게 꽉 잡다', '걸쇠로 고정시키다'의 뜻이다. 화자가 주님의 손을 놓지 않겠다고 고백하는데, 실은 우리가 하나님을 붙잡기보다는 그분이 우리의 손을 붙잡고 계신다. 시편 73:23은 여호와께서 항상 우리의 오른손을 꽉 쥐고 계신다고 이야기한다.

신앙생활을 하며 끊임없이 '투덜대거나'(murmur) '불평하는'(repine) 모습(2행)은 이스라엘 백성의 광야 생활을 상기시킨다. 이스라엘 백성은 광야에서 하나님의 손길을 수없이 체험하면서도 어려움이 닥칠 때마다 모세와 하나님을 원망했다. 그들은 이집트에서 종노릇하던 때를 오히려 미화하며 떡과 고기를 배부르게 먹었던 때가 더 좋았다고 불평했다(출 16:2-3).

3행은 자신에게 어떤 몫이 주어진다 해도 '만족한다'(content)고 단언한다. 'content'(만족한)는 원하는 바가 다 채워지지 않았지만 주어진 것만으로도 기쁘게 여기는 마음 자세를 함축한다. 화자가 불평하지 않는 이유는 '자신이 의지하는 하나님께서' 인도하신다는 확신을 갖기 때문이다(4행). 여기서 하나님을 지칭하는 용어가 달라진다. 제1-2연에서 '하나님', '그분'이라고 지칭했던 화자는 제3연에서 '내 하나님'이라고 고백한다. 이는 하나님과의 개인적이며 인격적인 교제가 이루어지고 있음을 시사한다.

또 하나의 중요한 변화는 접속사 'since'를 사용한다는 점이다. 'since'는 이유를 나타내는 접속사인데, 말하는 사람이나 듣는 사람 모두 알고 있는 이유를 언급할 때 쓰인다. 이 시어는 하나님께서 우리를 인도하신다는 사실이 진리임을 알려 준다.

제4연은 이 땅에서의 임무를 마치고 천국에 들어가는 순간에도 인도하시는 하나님을 찬양한다. 제3연과 마찬가지로 기도 형식을 취하며, 주님께 대한 굳은 신뢰를 표현한다. 'task'(일, 과업)는 어쩔 수 없이 할 수밖에 없는 힘든 일을 말한다. 하나님이 그리스도인 각자에게 주신 임무가 있고, 그 과업을 완수하는 과정이 결코 쉽지 않음을 알려 준다. 한국 찬송가의 번역시는 이런 내용을 전달하지 못한다.

2행은 하나님의 은혜로 인생 여정을 잘 마무리할 수 있게 된 것에 대해 감사한다. 성경은 인생을 경주에 비유하는데(빌 3:13-14), 화자는 그 경주를 성공적으로 마쳐 승리를 쟁취했다고 이야기한다. 중요한 점은 하나님의 은혜로 승리한다는 사실이다. 매 순간 우리의 힘으로 사는 것처럼 보이지만, 실은 배후에서 역사하시는 하나님의 손길이 있기에 가능하다.

한국 찬송가는 1-2행을 "이 세상 이별할 때에 마귀의 권세 이기네"로 번역하는데, 이는 영시의 의미를 충분히 드러내지 못한다. 화자는 하나님께서 주신 임무를 성공적으로 마치고 최후 승리를 얻었다고 고백한다. 단지 이 세상을 이별하는 순간만을 말하지 않는다.

3행은 '심지어'(even) 죽음의 차디찬 파도조차 피하지 않겠다고 이야기한다. 'even'(~까지도)은 우리가 생각하는 것보다 훨씬 놀랄 만한 진술을 할 경우에 사용된다.

이 세상에서 죽음을 두려워하지 않는 사람이 누가 있겠는가?

그러나 화자는 다른 것은 물론이고, 심지어 죽음까지도 겁내지 않겠다고 확언한다. 'flee'(달아나다)는 굉장한 위험에 처해 있음을 알고 당황하며 최대한 빨리 도망하는 행동을 뜻한다.

"죽음의 차디찬 파도"란 구절은 노년기에 누구나 겪는 괴롭고 힘든 시기를 암시하며 싸늘한 시신을 떠올리게 한다. 하나님은 우리가 요단강을 '다 건널 때까지'(through) 인도하신다. 'through'는 끝에서 끝까지 인도하는 것을 의미한다.

🌿 하나님께서 인도하신다는 사실에 감격해 보았는가?
🌿 환경을 초월하는 진정한 만족을 언제 경험해 보았는가?

[영미시로 경험하는 찬송가 18]

내 맘에 한 노래 있어

(찬송가 410장, Sweet Peace, the Gift of God's Love)
— 열차 사고 현장에서 영감을 받아

<제1연>
한 달콤한 선율이 내 맘에 와 닿으니
반복되는 기쁘고 즐거운 가락이라.
나 노래하고 또 노래하니
감미로운 평화 하나님 사랑의 선물이라.

There comes to my heart one sweet strain,
A glad and a joyous refrain;
I sing it again and again,
Sweet peace, the gift of God's love.

<후렴>
평화, 평화, 감미로운 평화!
위에서 주어진 놀라운 선물!

오, 놀라운, 놀라운 평화!
감미로운 평화 하나님 사랑의 선물!

Peace, peace, sweet peace!
Wonderful gift from above!
Oh, wonderful, wonderful peace!
Sweet peace, the gift of God's love!

<제2연>
십자가상의 그리스도를 통해 평화가 이뤄졌고
그의 죽으심으로 내 빚이 청산되었네.
하나님 사랑의 선물 외에
다른 평화의 기초는 전혀 없도다.

Through Christ on the cross peace was made,
My debt by His death was all paid;
No other foundation is laid
For peace, the gift of God's love.

<제3연>
내 주님 예수를 왕으로 모셨으니
내 맘에 이 평화가 가득하네.
그 안에서 풍성한 축복을 찾았으니
감미로운 평화 하나님 사랑의 선물이라.

When Jesus as Lord I had crowned,
My heart with this peace did abound;
In Him the rich blessing I found,
Sweet peace, the gift of God's love.

<제4연>

평화를 얻기 위해 예수 안에 거하고
그의 곁에 가까이 있으니
오직 평화만이 찾아오네.
감미로운 평화 하나님 사랑의 선물이라.

In Jesus for peace I abide,
And as I keep close to His side,
There's nothing but peace doth betide,
Sweet peace, the gift of God's love.

[작품 배경]

이 시는 피터 빌혼(Peter P. Bilhorn, 1865~1936)이 1887년에 썼다. 곡도 그가 직접 붙였다. 빌혼은 미국 일리노이주 멘도타에서 출생했는데, 그가 태어나기 3개월 전에 부친이 남북 전쟁에서 세상을 떠났다. 어려운 가정 형편 때문에 여덟 살 때 학업을 중단하고 어머니와 가족을 도와야만 했다. 15세 때에는 가족과 함께 시카고로 이사해 선술집에서 세속적인 느래를 부르며 멋진 목소리로 많은 사람의 관심을 끌어 모았다.

17세 때, 복음 전도자 조지 펜티코스트 박사와 음악가 조지 스테빈스가 인도하는 전도 집회에 참석했다가 그리스도를 영접했다. 회심한 후에는 스테빈스와 조지 루트의 지도를 받으며 음악을 공부했고, 선교 사역에 동참했다(Hymnary).

1886년에는 마침내 자신이 운영하던 마차 제작 사업을 정리하고 복음을 전하는 일에 헌신했다. 이와 함께 크리스천 모임에 다양한 형태로 쓰임을 받아 많은 영혼이 주님께 돌아오게 하는 데 도움을 주었다. 접이식 소형 풍금을 발명해 19세기 후반 전도 집회에서 널리 사용되게 했고, 접이식 오르간 회사를 시카고에 설립하기도 했다. 생전에 약 2,000편의 찬송가를 쓴 것으로 알려져 있다.

이 시는 그가 전도 집회에 참석하기 위해 다니엘 휫틀과 함께 기차 여행을 하던 중 휫틀의 설명을 듣고 영감을 받아 쓴 것이다. 그는 이 시를 쓰게 된 동기에 대해 다음과 같이 적고 있다(Osbeck 1985, 262; Petersen, 524).

어느 날 오후, 전도 집회에 참석해 찬송가를 부른 적이 있었다. 예배가 끝난 후 친구인 디머래스트 여사가 다가와 요청했다. "제 목소리에 어울리는 곡을 하나 써 주실 수 있나요?" "어떤 곡을 원하시죠?" "오, '뭐든 감미로운 곡이면'(any sweet piece) 좋아요." 그 말을 듣고 마침 제목이 떠올라 노트에 적어 두었다. 저녁 시간에 피아노 앞에 앉아 있을 때 멜로디가 떠올랐다. 가사는 생각나지 않았다.

다음 해 겨울, 전도자 D. L. 무디로부터 아이오와주에서 열리는 전도 집회에 휫틀과 함께 참석해 달라는 전화를 받았다. 우리는 함께 기차에 몸을 실었다. 기차가 휘튼에 접근할 무렵 갑자기 경적을 울리며 급히 멈추더니 약간 후진했다. 현장을 살펴보니 전신주 옆에 한 노파의 시신이 놓여 있었다. 사람들이 그 시신을 옮겼고, 그 자리에는 피가 흥건히 괴어 있었다.

횟틀 씨가 말했다. "예수님도 이 세상을 떠나며 저렇게 피를 남겨 주셨죠." "맞아요. 그분의 희생으로 우리가 감미로운 평화를 누리고 있습니다." 우리가 열차로 돌아왔을 때 이 곡이 떠올랐고, 즉시 가사를 붙일 수 있었다.

이 시는 그리스도의 보혈을 통해 우리에게 주어진 놀라운 평화를 찬양한다. 디머래스트 여사가 던진 '감미로운 곡'(sweet piece)이란 표현에서 'sweet piece'를 'sweet peace'로 살짝 바꾸어 제목으로 삼은 작시자의 재치가 돋보인다.

시상의 흐름을 보면 시간순으로 전개된다. 제1연은 시의 주제이고, 제2-3연은 과거 사실을 언급한다. 예수님을 구주로 영접했을 때 죄를 용서받고 풍성한 복을 발견했다는 사실을 고백한다. 제4연은 현재의 상황을 이야기하며 주님과 동행하는 행복한 삶을 찬양한다.

압운을 살펴보면 후렴을 제외한 각 연에서 1-3행이 각운을 이룬다. 시인은 1-3행을 하나로 엮어 하늘에서 내려온 평화가 모든 것을 감싸는 듯한 효과를 자아낸다. 각 연의 마지막 행은 모두 동일한데, 감미로운 평화가 하나님의 선물이라는 점을 시각화하며 강조한다.

[작품 해설]

제1연은 이 시의 주제이며 우리 마음에 찬양의 선율을 부어 주시는 하나님의 사랑을 노래한다. 1-2행은 하나님이 주신 감미로운 선율이 화자를 기쁨으로 가득 차게 한다고 이야기한다. 한국 찬송가는 영시 1행을 "내 맘에 한 노래 있어"로 번역하는데, 이는 시인의 의도를 제대로 드러내지 못한다. 화자는 그 선율이 자신의 마음에서 나온 것이 아니라, 외부에서 주어진 것임을 분명히 한다. 한 달콤한 선율이 외부에서 다가와 자기 마음에 닿았다고 언급한다.

　하나님은 우리에게 멜로디를 주셔서 찬양하게 하신다. 다윗은 하나님께 "오 주여, 주께서 제 입술을 열어 주셔서 제가 주를 찬양하게 하소서"(시 51:15, 쉬운성경)라고 호소한다. VOICE 역본은 시편의 이 구절을 "오, 주님, 제 입술을 지렛대로 들어 올려 주셔서 이 입이 주님의 위대함을 기쁘게 노래하게 하소서"라고 번역한다. 욥기에 등장하는 엘리후는 하나님을 '밤중에 우리로 하여금 노래 부르게 하시는 분'으로 소개한다 (35:10).

　하나님이 주신 선율은 다음과 같은 특징이 있다.

・감미롭다.
・우리를 즐겁게 한다.
・기쁨으로 가득 차게 한다.
・계속 반복된다.

　1행에서 'sweet'와 'strain'이 자음운(s)을 이루며 음악적 효과를 자아낸다. 'sweet'는 하나님의 속성과 관련이 있다. 시편은 여호와의 인자하심이 감미롭고(69:16, AMP), 주님의 말씀이 꿀보다 더 달콤하다고 노래한다 (119:103). 바울은 그리스도께서 우리를 위하여 자신을 버리사 '감미로운 냄새'를 풍기는 희생 제물이 되셨다고 설명한다(엡 5:2, YLT).

　'joyous'는 좋은 일이 일어났거나 있을 것 같다는 기대감으로 사람의 마음을 만족케 하는 느낌을 말한다. 'refrain'은 시나 노래에서 반복되는 구절을 의미한다. 하나님께서 주신 멜로디가 우리의 마음을 가득 채울 때 어떤 환경에서도 찬양할 수 있다.

　3-4행은 하나님께서 주신 선물을 받고 기뻐 노래하는 화자의 반응을 소개한다. 그 평화가 사랑의 선물(gift)이라고 선언한다. 'gift'는 격식을 차

린 표현으로 기꺼이 보내는, 상당한 가치를 지닌 선물을 암시한다. 하나님이 주신 선물은 우리가 받을 만한 자격을 갖추었기에 주어진 것이 아니다. 오직 그분의 은혜로 주어진다.

후렴은 하나님께서 주신 놀라운 평화를 마음껏 찬양한다. 한국 찬송가로는 알 수 없지만 영시를 보면 각 행마다 감탄 부호를 사용하고, 3행에서는 감탄사(Oh)를 첨가한다. 후렴은 다른 연과는 다르게 1행과 3행, 2행과 4행이 각운을 이룬다. (다른 연에서는 1-3행이 각운을 이룬다.) 이 기교는 초월자로서의 하나님과 그분만이 주시는 놀라운 평화를 돋보이게 한다.

제1연 1행이 외부에서 주어진 평화를 언급했다면, 후렴은 그 평화가 "위에서"(above) 왔다고 알려 준다. 야고보서 3:17은 세상의 거짓 지혜와 대조되는, 하나님께로부터 오는 지혜를 이야기한다. 위에서 오는 지혜는 순결하며 평화롭다고 설명한다. '위'는 하늘나라의 초월성을 강조한다.

화자는 1-4행에서 '평화'를 언급하며 감당할 수 없는 격한 감정을 표현한다. 하나님께서 주시는 평화가 세상이 주는 평화와 차원이 다르기 때문이다. 이 평안은 그리스도와 영적으로 교제하는 자가 누릴 수 있는, 외적 환경에 좌우되지 않는 평화다.

예수님은 요한복음 14:27에서 헬라어 동사(끼치노니, 주노라)를 연달아 현재 시제로 사용하신다. "평안을 너희에게 끼치노니 곧 나의 평안을 너희에게 주노라." 이 현재 시제는 그분의 평안이 지금도 계속 선물로 주어진다는 의미다. 그분을 의지하는 자는 누구나 믿음으로 받을 수 있다 (Bruner, 869).

제2연은 작시 배경을 알면 더 절실하게 다가온다. 열차 사고로 숨진 노파의 찢긴 시신과 흥건히 괴어 있던 피를 보며 예수님의 희생을 떠올렸다는 에피소드 말이다. 제1연이 하나님께서 주신 평화를 소개했다면, 제2연은 그 평화를 주기 위해 그분이 얼마나 큰 대가를 치르셨는지 설명한다.

1행은 그리스도의 십자가로 인해 평화가 이뤄졌다고 노래한다. 예수님은 자신의 몸을 희생 제물로 바쳐 유대인과 이방인을 갈라놓은 '증오심과 적개심의 거대한 장벽'(VOICE)을 허무셨다. 동시에 인간을 하나님과 화해시켜 유대인과 이방인이 주 안에서 '한 가족'(TLB)을 이루게 하셨다(엡 2:15-16). 시인은 자음운(c)을 활용해(Christ, cross) 그리스도의 고귀한 희생을 부각한다.

2행은 주님의 보혈이 우리 각자에게 어떤 의미가 있는지 알려 준다. 우리의 죄가 완전히 청산되었다고 확언한다. 2행 역시 자음운(d)을 통해(debt, death) 죄 사함의 근거가 그리스도의 대속임을 분명히 한다. 'debt'(채무, 죄)는 반드시 갚아야만 하는 의무를 강조한다.

그렇다면 한없는 긍휼을 경험한 그리스도인은 어떻게 살아야 하는가?

죄 사함을 받은 그리스도인은 타인을 용서하는 것으로 하나님의 은혜에 반응할 책임을 져야 한다(강대훈, 184).

3-4행은 이 세상에 진정한 평화의 기초는 없다고 말한다. 오직 하나님만이 평화를 주신다고 고백한다. 'foundation'(기초)은 인상적이고 견고한 구조물의 기초를 암시한다. 바울은 데살로니가 교인들에게 신실하신 주님께서 '견고한 토대' 위에 그들을 세우고 강하게 하신다고 역설한다(살후 3:3, AMP).

제3연은 예수님을 왕으로 모시고 풍성한 축복을 누리는 삶을 소개한다. 화자는 주님이신 예수님께 왕관을 씌우고 그분을 주인으로 삼았다고 고백한다(1행). 'crown'은 '왕위에 앉히다', '~에게 왕관을 씌우다'의 뜻이다. 한국 찬송가의 가사는 1행의 의미를 충분히 살리지 못한다.

그리스도인은 예수님을 왕으로 모시고 사는 신앙인이다. 그분의 명령에 절대복종하는 사람이다. 그런데 기독교인 중에 무늬만 그리스도인이지 그분의 명령과는 동떨어진 삶을 사는 사람이 상당히 있다. 마치 예수님께 나아와 영생을 얻는 방법을 물었던 부자 청년처럼 말이다(마 19:16-22). 주님은 그에게 "소유를 팔아 가난한 자들에게 주라"고 명령하셨다. 예수님은 이 명령을 통해 구제가 아닌 우상 숭배에 초점을 맞추신다(Osborne, 801). 우상을 제거하고 하나님을 왕으로 삼으라고 명하신다.

주님의 명령을 전적으로 따르는 신앙인은 그분 안에서 풍성한 축복을 발견한다(3행). 바울은 예수님이 원래 무한히 부요한 분이지만 가장 낮은 상태가 되셨다고 이야기한다. 이는 그분의 겸허한 가난을 통해 우리가 엄청난 부를 누리게 하기 위함이다(고후 8:9, VOICE).

제4연은 예수님과 동행하는 행복한 생활을 언급한다. 제2-3연이 과거에 누렸던 복된 일상을 노래했다면, 마지막 연은 현재의 상태를 들려준다. 1행은 예수님 안에 '거하며'(abide) 느끼는 마음의 평안을 소개한다. 'abide'(머무르다)는 어떤 장소에 오래 머무르거나 아예 그곳에서 거주하는 것을 의미한다. 이 동사는 그리스도인의 특성을 잘 보여 준다. '거한다'는 말은 그리스도 안에서 말씀에 따라 살겠다는 결단을 함축한다. 말씀에 대한 지속적인 경청, 묵상, 고수(固守), 실천을 수반한다(Beasley-Murray, 330).

2-3행은 '예수님 곁에'(His side) 가까이 있을 때 평화가 찾아든다고 단언한다. 'side'는 이중적 의미를 지니는데, '옆'과 '옆구리'를 동시에 의미한다. 요한복음 19:34은 로마 군인들 중 하나가 창으로 예수님의 옆구리(side)를 찔렀을 때 피와 물이 쏟아져 나왔다고 진술한다. 주님은 자신의 부활을 의심하는 도마에게 "네 손을 내밀어 내 옆구리에 넣어 보라"고 제안하셨다(요 20:27). '옆구리'의 상징적 의미는 제2연의 십자가 대속 사건과 조화를 이룬다.

예수님과 동행하는 신앙인은 그분의 옆구리와 그 상처를 기억하며 일상에서 사랑을 실천한다. 'doth'(3행)는 고어인데, 'do'의 3인칭 단수 직설

법 현재형이다. 시인은 의도적으로 고어를 사용해 하나님만이 주시는 고상한 평화를 시각화한다. 'betide'는 '일어나다', '생기다'의 뜻이다.

- 기쁨에 겨워 찬송가를 반복해서 불러 본 적이 있는가?
- 예수님을 왕으로 섬긴다는 사실이 당신의 행동을 통해 입증되는가?

[영미시로 경험하는 찬송가 19]

구주 예수 의지함이

(찬송가 542장, 'Tis So Sweet to Trust in Jesus)
― 남편의 비극적 죽음 앞에서

<제1연>
예수를 의지하는 것 매우 달콤해요,
그리고 그의 말씀을 그대로 받아들이고
오직 그의 약속을 신뢰하는 것
'주님이 이렇게 말씀하신다!'라고 아는 것, 달콤해요.

'Tis so sweet to trust in Jesus,
And to take Him at His word;
Just to rest upon His promise,
And to know, Thus says the Lord!

<후렴>
예수, 예수, 내가 얼마나 그를 믿고 있는가!
얼마나 자주 그를 체험해 왔던가!

예수, 예수, 귀한 예수!
오, 은혜를 갈망하며 더욱 그를 의지하네!

Jesus, Jesus, how I trust Him!
How I've proved Him o'er and o'er!
Jesus, Jesus, precious Jesus!
O for grace to trust Him more!

<제2연>
오, 예수를 의지하는 것 얼마나 달콤한가,
오직 그의 정결케 하는 피를 믿는 것
그리고 순전한 믿음으로, 치유하고 깨끗하게 하는
홍수 아래로 날 밀어 넣는 것, 얼마나 감미로운가!

O how sweet to trust in Jesus,
Just to trust His cleansing blood;
And in simple faith to plunge me
'Neath the healing, cleansing flood!

<제3연>
그래요, 예수를 의지하는 것 달콤해요,
오직 죄와 이기심을 버리고
오로지 예수로부터 생명과 안식
기쁨과 평안만을 얻는 것, 매우 감미로워요.

Yes, 'tis sweet to trust in Jesus,
Just from sin and self to cease;
Just from Jesus simply taking
Life and rest, and joy and peace.

<제4연>
당신을 의지하는 법을 배우니 저는 매우 기뻐요,
귀하신 예수, 구세주, 친구여.
전 알아요, 당신께서 저와 함께하시는 것을
저와 끝까지 동행해 주실 것을.

I'm so glad I learned to trust Thee,
Precious Jesus, Savior, friend;
And I know that Thou art with me,
Wilt be with me to the end.

[작품 배경]

이 시는 루이자 스테드(Louisa Stead, 1850~1917)가 1882년에 썼다. 그녀는 영국 도버에서 태어나 아홉 살 때 예수님을 영접했고, 1871년에 미국으로 건너가 부흥회에 참석했다가 선교사가 되기로 결심했다. 그러나 건강 때문에 파송 받지 못하고 결혼해 살다가, 남편과 사별 후 남아프리카로 건너가 선교 사업에 헌신했다.

이 시는 그녀의 남편이 익사하는 끔찍한 사고를 당한 후에 쓰였다. 1879년 어느 날 그녀는 남편과 함께 네 살 난 딸 릴리를 데리고 뉴욕의 롱아일랜드

사운드 해변으로 소풍을 갔다. 그런데 점심 식사 중 갑자기 비명 소리가 들려 가 보니 한 소년이 물에 빠져 허우적거리고 있었다. 남편은 즉시 아이를 구하기 위해 물에 뛰어들었다. 그러나 그 발버둥질하던 소년이 남편을 잡아당기는 바람에 두 사람 모두 익사했다. 이 광경을 지켜본 스테드 여사는 며칠 동안 울부짖으며 원망했다.

"하나님 왜 하필 제게 이런 일이 … ."

그런데 기도하던 중 영혼 깊은 곳에서 다음과 같은 시상이 떠올라 그녀의 마음을 사로잡았다.

"예수님을 믿는다는 것, 그 자체가 얼마나 기쁜가!"(Gariepy, 15)

작시자에 관해서도 한 일화가 전해진다. 스테드 여사가 남부 로디지아에서 선교사로 헌신하다 세상을 떠났을 때, 동료 선교사 중 하나가 애석해하며 다음과 같이 털어놓았다.

> 그녀가 너무 그립습니다. 그렇지만 이곳에서 약 오천 명의 원주민들이 그녀가 쓴 찬송가를 자기들의 모국어로 부르는 것을 보면 그녀의 영향력은 아직 계속됩니다(Osbeck 1985, 289).

이 시는 그리스도를 의지해 보혈로 죄 씻음을 받는 일이 얼마나 즐거운가를 노래한다. 내용을 보면 각 연이 진행되며 그 의미가 더욱 강화된다. 제1연은 그리스도를 의지하는 것이 '매우 즐거운' 일이라 말하고, 제2연은 '얼마나 즐거운가!'라는 감탄문이다. 제3연은 '그래요'를 넣어 강조하고, 제4연은 자신에게 적용해 '나는 정말 기뻐요'라고 노래한다.

분위기를 살펴보면 전체적으로 시인의 격한 감정을 잘 묘사한다. 특히, 후렴은 네 행 모두 감탄 부호를 사용한다. 영어 구문에서도 이 사실을 확인할 수 있다. 마지막 연을 제외하면 제1-3연은 1행에서 '가주어 – 진주어' 구문을 활용하고, 나머지 행에서는 진주어인 부정사 구문만이 병렬로 연결된다.

　이에 반해 마지막 연은 절제되고 차분한 분위기를 보여 준다. 제1-3연과는 달리 '나'를 주어로 해 차분하게 신앙을 고백한다. 하나님의 위로를 통해 마음의 평안과 기쁨을 되찾은 시인의 모습을 보여 준다. 압운을 살펴보면 각 연의 2행과 4행이 각운을 이룬다.

[작품 해설]

　제1연은 예수님을 의지하며 그 말씀을 믿는 것이 얼마나 감미로운지 노래한다. 1행은 기발한 시적 기교를 선사한다. '가주어-진주어' 문장 구조를 통해 영적 진리를 상징적으로 제시한다. (제2-3연의 첫 행 역시 마찬가지다.) 1행을 정리하면 이렇다. It is so sweet to trust in Jesus. 이 문장에서 'it'가 가주어이고, 뒤에 이어지는 네 개의 부정사(to trust, to take, to rest, to know)가 진주어다. 따라서 예수님을 의지하는 것, 그분의 말씀을 믿는 것, 그 약속을 신뢰하는 것, 그 말씀을 깨닫는 것, 이 모두가 그렇게 감미롭다는 뜻이다. 한국 찬송가 1절은 영시의 의미를 거의 반영하지 못한다.

　'가주어-진주어' 구문은 시의 주제와 잘 어울린다. 마치 하나님과 인간의 관계를 형상화해 보여 주는 듯하다. 눈에 보이는 인간은 가주어이고, 오직 주님만이 우리의 진정한 주인임을 암시한다. 하나님을 의지한다는 것은 이 주종 관계를 제대로 파악하는 것이다.

　영어 구문을 통해 진리를 표현하다니, 놀랍지 않은가!

　화자는 1행에서 예수님을 '의지하는 것'(trust in), 3행에서는 그분의 약속에 전적으로 '의존하는 것'(rest upon)을 이야기한다. 'trust in'은 기대가 어긋나지 않을 것을 확신하고 절대적으로 믿는 행위를 말한다. 'rest upon'은 완전히 몸을 맡긴 상황을 뜻한다.

3행은 'just'(단지, 오직)란 부사를 사용해 중요한 영적 진리를 제시한다. 이 시에서 총 네 번 사용되는데 뒤의 단어나 구 자체를 강조한다. 시인은 이 단어를 통해 그리스도를 의지하는 것 자체가 무한한 축복임을 암시한다. 작시자가 남편의 죽음을 비통해하며 이 시를 썼다면, 'just'는 인간의 모든 소망이 다 끊어진 상황을 함축한다.

4행은 하나님의 말씀을 듣되 가감 없이, 편애하지 말고 수용해야 함을 강조한다. "주님께서 이렇게 말씀하신다!"(Thus says the Lord!)라고 시인하며 무조건 따르라는 뜻이다. 여기서 'say'가 현재 시제이고, 마지막에 감탄 부호가 있다는 점을 기억해야 한다. 성경 말씀은 지금부터 수천 년 전에 기록되었다. 하지만 그 말씀이 지금도 살아서 영향력을 발휘하기에, 오늘 내게 주어진 말씀으로 받으라는 말이다. 우주의 주관자이며 '우리의 주인'(the Lord)이신 절대자의 말씀이므로 단어 하나하나를 감탄하며 읽으라는 의미다.

우리는 대체로 마음에 와 닿는 구절이나 위로와 용기를 주는 말씀을 선호한다. 때로는 성경 문맥을 무시한 채 필요한 부분만 떼어 암송하기도 한다. 그러나 성경은 결코 그렇게 하라고 주어진 책이 아니다. 잠언서의 저자는 "하나님의 모든 말씀은 테스트를 통과한 정제된 말씀이고, 그것이 그분께 피하는 자들에게 방패가 되신다"(30:5, EXB)라고 확언한다. NIRV 역본은 잠언 이 구절의 앞부분을 "하나님의 모든 말씀은 완벽하다"라고 번역한다.

후렴은 예수님을 믿는다는 사실을 고백하며 연달아 벅찬 감격을 표출한다. 각 행마다 감탄 부호를 사용해 이를 시각화한다. 시인은 남편을 잃은 극한 슬픔을 찬양으로 승화시킨다. 한국 찬송가의 가사는 이런 감정을 제대로 보여 주지 못한다.

화자는 예수님의 이름을 연속해서 다섯 번이나 부르며 그 이름이 얼마나 소중하고 능력이 있는지 알려 준다. 베드로와 요한이 태어날 때부터 걷지 못한 사람을 치료한 기적(행 3:1-10)은 주님의 이름이 지닌 능력을 보여 준다. 베드로는 이 광경을 보고 놀라는 이들에게 "예수님의 이름을 믿는 믿음에 근거해 '바로 그의 이름이' 이 사람을 강하게 하였다"(행 3:16, NET)라고 단언한다.

2행은 화자가 하나님의 능력을 여러 차례 체험했음을 암시한다. 'prove'(입증하다)는 사실이나 정보를 통해 진실임을 증명하는 것을 말한다. 'over and over'는 몇 번이고 되풀이하는 행위를 뜻한다(o er는 over의 단축형이다). 하나님은 절대로 우리를 속이시는 분이 아니다(히 6:18, AMP). 바울은 자신이 사도가 된 것이 오직 하나님의 은혜라고 말하며, 자신을 향한 그분의 은혜가 결코 헛되지 않았다고 역설한다(고전 15:10).

'precious'(3행)는 '귀중한', '존귀한'의 뜻인데, 본질적인 면에서 대단한 가치가 있는 대상에 대해 쓰인다. 주님의 이름은 본질적으로 가치가 있다. 예수님의 이름은 이 세상에서 우리로 하여금 구원을 얻게 하는 유일한 이름이다(행 4:12). 사도 베드로는 불로 정제된 금이 아무리 귀하다 해도 연단된 믿음은 그것보다 훨씬 더 값지다고 말한다(벧전 1:7).

제2연은 작시자의 남편이 소년을 구조하다 익사하는 현장을 보여 주는 듯하다. 시인은 익사 현장을 떠올리며 예수님의 보혈에 온몸을 맡기는 결연한 믿음을 보여 준다. 제1연이 예수님의 말씀을 언급했다면, 제2연은 그분이 십자가에서 흘리신 보혈을 찬양한다. 그 피가 우리를 '깨끗하게 한다'(cleanse)고 확언한다. 'cleanse'는 악이나 죄를 씻어 정신적, 도덕적으로 깨끗하게 하는 행위를 의미한다.

3-4행은 순전한 믿음으로 보혈의 흐름에 자신을 '밀어 넣는'(plunge) 강렬한 행동을 보여 준다. 'plunge'는 완전히 잠겨 변화될 정도로 액체 속에

강렬하게 내던지는 행위를 뜻한다. 시인은 남편이 물에 빠진 아이를 구하려다 함께 익사하는 장면을 목격했다. 이제 그녀는 그 물살보다 거센 보혈 속으로 자신을 강렬하게 밀어 넣는다. 완전히 변화될 정도로 말이다. 'beneath'는 어떤 대상에 의해 완전히 덮이거나 보호를 받을 정도로 바로 아래 있는 상황을 말한다. 한국 찬송가는 "그의 피에 적시네"로 번역하는데, 이는 영시의 의미를 너무 약화한다.

'치유하고 깨끗하게 하는 보혈의 홍수', 얼마나 독창적인 표현인가!

남편의 목숨을 앗아간 물을 생각하며 보혈의 홍수를 떠올리는 시적 상상력, 정말로 놀라운 영감이다. 'flood'(홍수)는 범람해 강력하게 모든 것을 쓸어 가는 거대한 물의 흐름을 강조한다. 그렇다! 주님의 피는 마치 홍수의 거센 물살과 같아서 모든 것을 순식간에 변하게 한다. 시인은 이 대목에서 감탄 부호를 사용한다. 2행의 'blood'와 4행의 'flood'가 각운을 이루는데, 이는 보혈의 엄청난 능력을 가시화한다.

제3연은 우리가 예수님을 의지할 때 버리는 것과 얻는 것을 대조한다. 죄와 이기심을 버리고, 오직 생명과 안식 그리고 기쁨과 평안만을 얻는다고 고백한다. 한국 찬송가는 '안위'와 '영생'을 얻었다고 번역하는데, 원문은 이보다 훨씬 구체적이다. 화자는 우리가 두 가지를 버리면 네 가지를 얻는다고 자랑한다. 생명과 안식 그리고 기쁨과 평안이다. 하나님은 우리가 생각하는 것 이상으로 풍성하게 제공하신다. 예수님이 이 세상에 오신 목적은 우리가 풍성하고 만족스런 삶(NLT), 더 광대하고 나은 삶(MSG)을 살게 하기 위함이다(요 10:10).

제3연은 다른 연과 다르게 놀라운 시적 기교를 선사한다.

첫째, 자음운 's'(sweet, sin, self, simply)를 통해 음악의 울림을 시각화해 화자가 느끼는 기쁨을 전달한다.

둘째, 죄와 이기심을 버릴 때 영적으로 완전히 변화된다는 진리를 상징적으로 보여 준다.

앞에서도 언급했듯이 이 시는 전체적으로 '가주어(it)- 진주어(to 부정사)' 구문 형식을 취한다. 제1-2연에서는 'to 부정사'가 한결같이 진주어로 사용된다. 그런데 유독 제3연 3행에서는 'to 부정사'가 아닌 '동명사'(taking)가 진주어로 등장한다. (죄와 이기심을 버리고 생명과 평안을 취한다고 선언하는 대목이다.) 이러한 변화는 거듭난 그리스도인이 이전과는 완전히 다르게 살아가는 모습을 상징적으로 보여 준다.

제4연은 주님께 대한 화자의 신앙을 고백한다. 여기에 사용된 문장은 앞의 연들과는 다른 중요한 특징을 지닌다. 제1-3연은 모두 '가주어(it)- 진주어' 구문을 사용해 예수님을 의지하는 것이 무엇인지 구체적으로 서술한다. 그런데 마지막 연은 '나'(I)를 주어로 해 '나는 매우 기뻐요', '나는 이제 알아요'라고 노래한다. 앞부분(제1-3연)이 일반적 진술이라면, 마지막 연은 작시자의 진솔한 신앙 고백이다.

시적 화자는 주님을 '귀하신 예수님', '구세주', '친구'라고 다급하게 부른다. 영원히 함께해 주실 것을 믿는다고 확언한다. 이 호칭은 뒤로 갈수록 더욱 개인적이며 친밀감을 느끼게 한다. 여기서 'friend'와 'end'가 각운을 이룬다. 시인은 이 두 단어를 하나로 엮어 끝까지 예수님의 친구로 남기 원하는 자신의 신앙을 표출한다. 한국 찬송가의 가사로는 이런 의미를 전혀 알 수 없다.

3-4행은 고어 'Thou'(you, 주격), 'art'(are), 'wilt'(will)를 사용해 주님의 위대하심을 더욱 높인다. '나와 함께'(with me), '끝까지'(to the end)라는 구절은 마태복음 28:20 후반부를 상기시킨다. "보라, 이 시대가 끝날 때까지 나 자신이 매일 너희와 함께 있겠다"(CEB). "그리고 기억해라! 내가 항상 너

희와 함께 있겠다. 그렇다. 심지어 이 시대가 끝날 때까지 말이다"(CJB). 이처럼 확실한 주님의 선언을 부여잡고 끝까지 전진하라.

- 누군가에게 예수님을 당당히 소개한 적이 있는가?
- 예수님을 믿기 전과 믿은 후의 달라진 모습을 느낄 수 있는가?

[영미시로 경험하는 찬송가 20]

주 예수보다 더 귀한 것은 없네

(찬송가 94장, I'd Rather Have Jesus)
— 삶의 절대적 우선순위

<제1연>

금이나 은보다 예수를 소유하기 원하며
막대한 재물보다 그의 것이 되기 원하네.
많은 집이나 땅보다 예수를 소유하기 원하며
그의 못 박힌 손에 이끌리기 원하네.

I'd rather have Jesus than silver or gold,
I'd rather be His than have riches untold;
I'd rather have Jesus than houses or land,
I'd rather be led by His nail pierced hand.

<후렴>

광대한 영토를 다스리는 왕이 되는 것이나
죄의 무시무시한 세력에 사로잡히는 것보다!

오늘날 이 세상이 주는 어떤 것보다도
예수를 소유하기 원하네.

Than to be the king of a vast domain
Or be held in sin's dread sway!
I'd rather have Jesus than anything
This world affords today.

<제2연>
사람들의 칭찬보다 예수를 소유하기 원하며
그의 귀한 목적에 충성하기 원하네.
세계적 명성보다 예수를 소유하기 원하며
그의 거룩한 이름에 헌신하기 원하네.

I'd rather have Jesus than men's applause,
I'd rather be faithful to His dear cause;
I'd rather have Jesus than worldwide fame,
I'd rather be true to His holy name.

<제3연>
그는 가장 진기한 백합꽃보다 더 아름답고
송이꿀보다 더 달콤하며
내 굶주린 영혼이 필요로 하는 모든 것 되시니
나 예수를 소유하고 그가 날 인도하게 하리.

He's fairer than lilies of rarest bloom,
He's sweeter than honey from out the comb;
He's all that my hungering spirit needs,
I'd rather have Jesus and let Him lead.

[작품 배경]

이 시는 레아 밀러(Rhea Miller, 1894~1966) 여사가 1922년에 썼다. 그녀는 뉴욕주 노스 시러큐스에서 아버지 마틴 로스(Martin J. Ross)와 어머니 베써 로스(Bertha Ross) 사이에서 출생했다. 나사렛교회 목사인 하워드 밀러의 아내였으며 피아노 연주를 매우 즐겼다.

남편이 세상을 떠난 후 밀러 여사는 자신이 거주하는 지역을 순회하며 피아노를 가르쳤다. 특히, 목회자 가정에 가서 아이들에게 무료로 피아노 연주법을 알려 주었고, 그것을 사명으로 여겼다. 그 자녀들이 성장해 교회에서 봉사하게 하기 위함이었다. 그녀는 항상 긍정적인 생각과 밝은 미소를 잃지 않았으며 많은 이를 격려하고 도와주었다.

이 시는 시인이 가정에서 겪었던 애절한 사연에 기초한다. 그녀의 아버지 마틴은 한때 술주정꾼이었고, 술을 마시기 위해 아내의 지갑에서 돈을 훔쳤던 사람이다. 하지만 어머니 베써는 독실한 신앙인이었고 절대로 예배를 소홀히 하지 않았다. 이에 베써 로스는 남편의 구원을 위해 끈질기게 기도했고, 하나님의 도우심으로 마침내 마틴은 끔찍한 죄의 사슬에서 풀려났다.

어느 날 저녁, 마틴은 교회 예배에 참석해 자신의 삶이 어떻게 변화되었는지, 또 예수님이 자신에게 어떤 의미가 있는지 간증했다. 이 세상의 많은 재물이나 명성보다 예수님과 동행하며 살겠다고 고백했다. 그의 딸

레아는 그 옆자리에 앉아 간증을 들으며 진한 감동을 느꼈고, 후에 멋진 시로 다듬어 발표했다. 그것이 바로 이 시다(Hymnary).

이 찬송은 작곡자인 조지 베버리 쉐어의 삶을 완전히 변화시켰다. 이 곡을 쓸 당시 그는 보험회사에 다녔는데, 가창 실력을 인정받아 라디오 방송 대중가요 가수로 출연해 달라는 요청을 받았다. 그러나 세속적인 노래를 불러야 한다는 생각에 거부감을 갖고, 경제적으로 성공할 수 있는 기회를 거절했다. 후에 그는 빌리 그레이엄 전도단의 솔리스트로 활동하며 찬송가를 부르는 전도자의 삶을 살았다.

이 작품은 전체적으로 'would rather A than B'(B보다 A를 더 좋아하다) 구문을 사용해 선택의 문제에 관심을 갖게 한다. 이 세상의 것과 예수 그리스도 사이에서 하나를 선택하도록 요청한다. 재물과 하나님, 둘 다 섬기는 것이 불가능하기 때문이다. 제1-2연에서는 이 세상의 명예와 재물, 인간의 찬사보다 더 소중한 그리스도에 대해 언급한다. 제3연은 이 시의 결론으로 예수님이 어떤 분인지 구체적으로 소개한다. 한국 찬송가의 3절은 영시 원문과 완전히 다르다.

시의 내용과 관련해 간혹 어떤 이들은 "주 예수보다 더 귀한 분은 없네"로 고쳐야 한다고 역설한다. 하지만 이런 주장은 옳지 않다. 시인은 인간을 포함해 이 세상이나 우주의 '어떤 것보다도' 뛰어나신 예수님을 찬양한다.

[작품 해설]

제1연은 이 세상의 재물과 예수 그리스도를 비교하며 무엇이 더 소중한지 판단하게 한다. 금과 은, 막대한 부, 여러 채의 집이나 땅을 소유하는 것보다 주님의 자녀가 되는 것이 더 중요하다고 노래한다. 그렇다고 해서 그리스도인에게 재물이 필요치 않다는 의미는 아니다. 여기서는 삶의 우선순위를 말한다. 한국 찬송가의 가사는 상당히 추상적이다. 하지만 원문은 시각적 이미지를 활용해 세상의 물질적인 것을 구체적으로 열거한다.

"금이나 은"이란 구절은 베드로와 요한이 태어날 때부터 걷지 못하던 사람을 일으킨 사건을 상기시킨다. 이 기적은 인간에게 가장 필요한 것, 즉 근본적인 해결책이 무엇인지를 보여 준다. 금과 은을 기대한 병자에게 베드로는 이렇게 외친다.

> 금과 은은 내게 없다. 하지만 내가 가지고 있는 것을 네게 주겠다. 나사렛 예수 그리스도의 능력과 권위에 의해 이제 걷기 시작하고, 계속해서 걸으라(행 3:6, AMP).

예수님은 자신의 성육신과 더불어 시작된 '하늘나라'를 '극히 값진 진주 하나'에 비유하신다. 그것을 발견한 사람은 자신의 모든 것을 팔아 그것을 산다고 단언하신다(마 13:46). 이는 하늘나라의 가치가 세상의 모든 것을 초월하기 때문이다. 사도 바울은 그리스도를 아는 지식이 너무 고상하고 가치가 있다고 역설한다. 그러기에 지금까지 자랑했던 모든 것을 배설물로 여긴다고 고백한다(빌 3:8).

4행은 이 시의 주요한 주제인데, 이 내용이 마지막 연에서도 반복된다. 화자는 '못 박혔던 주님의 손에' 의해 이끌리기를 원한다. 여기서 'hand'와 'land'가 각운을 이루며 세상적인 것과 하늘나라의 대조적인 모습을 시각화한다. 'pierce'는 끝이 뾰족한 것으로 날카롭게 찔러 관통하는 것을 뜻한다. 한국 찬송가에는 4행의 의미가 나타나 있지 않다.

후렴은 두 개의 대립되는 왕국을 보여 주며 어느 왕국에 속할 것인지 묻는다. 죄가 지배하는 사탄의 왕국과 예수 그리스도가 다스리시는 왕국을 제시한다. 한국 찬송가의 후렴은 원문과 상당히 다르다. 죄의 무시무시한 속성이 전혀 반영되어 있지 않다.

1행은 사탄이 광야에서 예수님께 던졌던 시험을 상기시킨다. 순식간에 세상 모든 나라를 보여 주며 자신에게 엎드려 경배하면 이 모든 것을 주겠다고 유혹한 제안 말이다(눅 4:5-6). 2행은 죄가 미치는 강력한 영향력을 잘 보여 준다. 시인은 여기서 감탄 부호를 사용해 그 파괴력을 부각한다. 특히, 시인의 부친이 한때 술에 빠져 방탕한 생활을 했었다는 점을 고려하면 더욱 실감나게 다가온다.

2행의 'hold'(held)는 'have'(갖다)와 유사한 의미이지만, 소유물을 마음대로 조종할 수 있는 상황을 강조한다. 'sway'(지배, 통치)는 영향을 받는 대상이 어쩔 수 없는 힘에 의해 통제를 받는 상황을 함축한다. 바울은 죄가 사망의 세력 아래 있는 자들에게 '왕적 통치'(kingly sway)를 실행한다고 설명하는 대목에서 이 단어를 사용한다(롬 5:21, WNT). 시인은 여기서 자음운 's'(sin, sway)를 사용해 죄의 지배력을 시각화한다.

제2연은 이 세상의 명예나 인간의 칭찬보다 더 소중한 하나님의 뜻과 그리스도의 이름을 강조한다. 제1연이 물질적인 것과 예수님을 비교한다면, 제2연은 정신적인 것과 예수님의 이름을 대조한다. 여기서 'applause'(칭찬)와 'cause'(목적), 'fame'(명성)과 'name'(이름)이 각운을 이루며 이러한 대비를 극대화한다. 한국 찬송가 2절은 영시의 내용을 제대로 표현하지 못한다. 특히, 2행과 4행의 의미는 조금도 반영되어 있지 않다.

1-2행은 사람들의 찬사보다 하나님의 거룩하신 뜻에 충성할 것을 촉구한다. 히브리서 3:2은 하나님의 뜻에 충성한 인물로 모세를 꼽는다. 예수님은 사람들의 칭찬을 기대하며 자선을 베풀던 서기관과 바리새인들을 위선자라고 심하게 책망하셨다(마 6:2). 헤롯 아그립바 1세는 군중들이 자신을 추켜세우는 함성을 듣고 굉장히 만족하여 마치 자신이 신인 것처럼

행세했다. 결국, 하나님의 천사가 그를 내리쳤고, 헤롯은 벌레들에게 먹혀 죽고 말았다(행 12:22-23). 'cause'는 '주장', '원칙', '대의'를 의미한다.

시의 화자는 3-4행에서 세계적인 명성을 추구하기보다 하나님의 거룩하신 이름에 헌신하겠다고 다짐한다. 예수님은 버가모 교회에 보내는 편지에서 그들이 하나님의 이름에 '충성하였다'(true)고 칭찬하신다(계 2:13, BBE). 여러 가지 우상과 황제 숭배 주요 풍토 속에서도 그리스도를 따르는 믿음을 저버리지 않았다고 격려하신다.

제3연은 예수님이 누구인지 구체적으로 소개하는데, 이 부분이 시의 주제이며 핵심이다. 한국 찬송가 3절은 영시와 너무 달라 도저히 번역 가사라고 볼 수 없다. 제1-2연은 '나'(I)를 주어로 해 세상의 부귀영화나 명예보다 예수님을 선택하겠다고 고백한다. 반면에 제3연은 '예수님'(He)을 주어로 해 그분의 소중함과 성품을 찬양한다. 이는 마치 예수님 안에서 내가 완전히 사라지고 주님의 손에 이끌린 듯한 인상을 준다(제1연 4행).

1-3행은 성경적 이미지로 가득하다. 1행의 "가장 진기한 백합꽃"은 아가서 2:1에 있는 샤론의 수선화와 골짜기의 백합화를 떠올리게 한다. 2행의 "송이꿀"은 송이꿀보다 더 달콤한 하나님의 말씀을 암시한다(시 19:10). 3행의 "굶주린 영혼"은 주린 사람을 좋은 것으로 배불리 먹이시는 하나님을 시사한다(눅 1 53). 시편 저자는 여호와께서 갈망하는 영혼을 만족하게 하며 굶주린 심령을 좋은 것으로 채워 주신다고 노래한다(107:9).

화자는 하나님에 대해 강렬한 '갈망'(hunger)을 느끼며 그분이 우리에게 필요한 모든 것을 공급하신다고 역설한다. 'hunger'(굶주림)는 상당한 시간 동안 먹지 못해 고통이나 불편을 느끼는 상태를 말한다. 예수님은 "의에 주리고 목마른 자"(마 5:6)가 복이 있다고 말씀하셨다. '의에 주린 자'는 하나님께서 원하시는 일을 하는 데 최고의 갈증을 느끼는 사람이다(GNT).

하나님은 우리가 살며 맛볼 수 있는 최고의 음식과 음료가 되신다(MSG).

🌿 지금 당신의 영혼은 누구의 영향권 안에 있는가?
🌿 세상의 명예보다 하나님의 뜻을 추구한 적이 있는가?

참고 문헌(Bibliography)

강대훈. 『마태복음 주석』. 서울: 부흥과개혁사, 2019.
고영민. 『원문성경 신약』. 서울: 쿰란, 2015.
_____. 『원문성경 구약』. 서울: 쿰란, 2018.
김경선. 『찬송가와 해설(개정증보판)』. 서울: 여운사, 1988.
김남수, 김동녘. 『은혜의 찬송이야기』. 서울: 아가페, 2014.
양용의. 『마태복음 어떻게 읽을 것인가』. 서울: 성서유니온, 2018.
장인식. 『강조성경, 마태의 시선으로 예수님을 만나다』. 서울: 쿰란, 2021.
Anders, Max. 『Main Idea로 푸는 갈라디아서, 에베소서, 빌립보서, 골로새서』. 김창동 역. 서울: 디모데, 2004.
Barton, Bruce B., et al. 『적용을 도와주는 히브리서』. 김진선 역. 서울: 성서유니온, 2002.
_____. 『적용을 도와주는 요한복음』. 전광규 역. 서울: 성서유니온, 2005.
Beasley-Murray, George R. 『WBC 성경주석 요한복음』. 이덕신 역. 서울: 솔로몬, 2001.
Bence, Evelyn. *Spiritual Moments with the Great Hymns*. Grand Rapids: Zondervan, 1997.
Bock, Darrell L. 『키워드로 푸는 성경 사복음서』. 유상섭 역. 서울: 디모데, 2005.
_____. 『복음서를 통해 본 예수』. 신지철/김철 공역. 서울: 솔로몬, 2012.
Bonner, Clint. *A Hymn Is Born*. Nashville: Broadman, 1959.
Bruner, Frederick Dale. *The Gospel of John*. Grand Rapids: Eerdmans, 2012.
Burge, Gary M. 『NIV 적용주석 요한복음』. 김병국 역. 서울: 솔로몬, 2011.
Duvall, J. S., and Daniel Hays. 『성경 해석』. 류호영 역. 서울: 성서유니온, 2009.
Emurian, Ernest K. *Living Stories of Famous Hymns*. Grand Rapids: Baker, 1955.
Forman, Kristen L. *The New Century Hymnal Companion: A Guide to the Hymns*. Cleveland: Pilgrim, 1998.
France, R. T. *The Gospel of Matthew*. Grand Rapids: Eerdmans, 2007.
Gangle, Kenneth O. 『Main Idea로 푸는 요한복음』. 정현 역. 서울: 디모데, 2004.

Gariepy, Henry. *Songs in the Night*. Grand Rapids: Eerdmans, 1996.

Hagner, Donald A. 『WBC 성경주석 마태복음』. 채천석 역. 서울: 솔로몬, 1999.

Keener, Craig S. 『IVP 성경배경주석 신약』. 정옥배 외 역. 서울: 한국기독학생회, 1998.

MacArthur, John. *The MacArthur Bible Commentary*. Nashville: Thomas Nelson, 2005.

Morgan, Robert J. *Then Sings My Soul*. Nashville: Thomas Nelson, 2003.

Osbeck, Kenneth W. *101 Hymn Stories*. Grand Rapids: Kregel, 1982.

_____. *101 More Hymn Stories*. Grand Rapids: Kregel, 1985.

Osborne, Grant R. 『강해로 푸는 마태복음』. 김석근 역. 서울: 디모데, 2015.

Petersen, William J., and Ardythe Petersen. *The Complete Book of Hymns*. Carol Stream: Tyndale, 2006.

Reynolds, William J. *Hymns of Our Faith*. Nashville: Broadman, 1964.

_____. *Songs of Glory*. Grand Rapids: Zondervan, 1990.

Stroup, George W. *Before God*. Grand Rapids: Eerdmans, 2004.

Thuesen, Peter J. *Predestination: The American Career of a Contentious Doctrine*. New York: Oxford University, 2009.

Wilkins, Michael J. 『NIV 적용주석 마태복음』. 채천석 역. 서울: 솔로몬, 2012.

Wright, Nicholas T. 『모든 사람을 위한 마태복음』. 양혜원 역. 서울: 한국기독학생회, 2010.

Cyber Hymnal (http://www.hymntime.com/tch/index.htm)

Hymnary (https://hymnary.org)

Ryken, Leland. 「사라질 위기에 있는 찬송가 살리기」. 『복음과 도시』(2020-03-09). https://www.tgckorea.org